AF305526

PRINCIPES

DE LA
LANGUE ITALIENNE.

PRINCIPES

DE LA

LANGUE ITALIENNE,

PAR E. CALZA,

PROFESSEUR A LYON.

A PARIS,
CHEZ PIERRE BLANCHARD,
passage Montesquieu, n° 1, au 1er;

A LYON,
CHEZ FAVÉRIO,
rue Lafont, n° 6.

IMPRIMERIE DE DURAND ET PERRIN.

1825.

****

AU LECTEUR.

—

Il existe un grand nombre de Grammaires
italiennes, et il en est quelques-unes qui sont
justement estimées. Cependant l'expérience
que nous ont donnée plusieurs années con-
sacrées à l'enseignement de l'italien, nous a
convaincus qu'il manquait un ouvrage plus
convenable encore aux jeunes Français qui
étudient cette langue. La plupart d'entre eux
ont moins pour objet d'approfondir les principes de la Grammaire générale, que de connaître les différences les plus essentielles qui
existent entre le génie de la langue française
et celui de la langue italienne. Sous ce rapport, la Grammaire de Biagioli, au mérite de
laquelle nous sommes les premiers à rendre
hommage, est beaucoup trop métaphysique,
et peut-être trop étendue : d'un autre côté,
les abrégés qu'on met entre les mains des
commençans pêchent par l'excès contraire, et

manquent en général d'ordre, de méthode, et des éclaircissemens rigoureusement né-cessaires. Notre intention a été de tenir un juste milieu entre les développemens trop scientifiques de la première, et l'insuffisance des autres. Nous avons donc cherché à ren-fermer dans ce petit volume tous les principes dont la connaissance est indispensable pour entendre et parler l'italien, et faire dans cette langue des progrès rapides et solides. Les résultats favorables que nous en avons obte-nus avec nos élèves particuliers, nous ont donné la confiance qu'elle pouvait atteindre le but que nous nous sommes proposé en la composant, et c'est ce qui nous engage à la publier.

TABLE DES MATIÈRES.

De la prononciation...................... Page 1
   Des diphthongues............................. 4
Du nom et du genre........................... 5
Du nombre.................................... 8
Des différens rapports qu'ont les noms entre eux... 13
De l'article................................. 16
   Emploi de l'article....................... 18
Du verbe..................................... 22
   Conjugaison du verbe *être*................ 24
   Conjugaison du verbe *avoir*............... 26
   Observations sur les verbes auxiliaires........ 32
   Des verbes réguliers....................... 33
   Des verbes irréguliers de la première conjugaison 37
   Remarques sur les locutions relatives aux verbes *andare* et *stare*................... 40
   Observations sur les participes de la première conjugaison........................... 43
   Des verbes irréguliers de la seconde conjugaison. 43
   Des verbes irréguliers de la troisième conjugaison........................... 65
   Des verbes défectueux....................... 70
Des adjectifs................................ 72
Des augmentatifs et diminutifs................. 75
Des comparatifs et des superlatifs............. 78
Des adjectifs *tutto*, *ogni*, etc.............. 83
Des adjectifs numeraux....................... 86

Des adjectifs possessifs......................Page 91
Des adjectifs démonstratifs........................ 96
Des adjectifs conjonctifs et relatifs................ 98
De la manière de rendre en italien *il y a, il y avait.* 102
Du pronom indéfini *on*............................ 106
Des pronoms personnels............................ 108
De plusieurs pronoms qui demandent une atten-
 tion particulière............................ 118
Des prépositions................................... 121
 De la préposition *di*........................ 122
 Des prépositions *a* et *in*.................. 124
 De la préposition *da*........................ 126
 De la préposition *per*....................... 131
 De la préposition *con*....................... 134
 Des prépositions *tra intra, fra infra*....... 135
De l'adverbe....................................... 139
De la conjonction.................................. 143
De l'interjection.................................. 147
Des italianismes................................... 148
De la poésie italienne............................. 158
 De l'accent tonique........................... 158
 De la rime.................................... 159
 Des espèces différentes de vers............... 159
 De la manière de scander les vers............. 160
 Dispositions des accens toniques dans les vers. 161
 Des licences poétiques........................ 167

PRINCIPES

DE LA

LANGUE ITALIENNE.

DE LA PRONONCIATION.

LES caractères alphabétiques sont destinés à peindre les sons, et ceux-ci les idées. Dans chaque langue les lettres ont un caractère analogue aux organes particuliers des nations et à la manière particulière dont agissent ces organes : de là cet accent qui caractérise les différens peuples.

Voyelles italiennes.

a   e   i   j   o   u.

Prononcez : a   e   i   i   o   ou.

L'*a* se prononce comme dans le mot français *pâtre.*

L'*e* se prononce de deux manières différentes : *e* aigu, que les Italiens appellent *e stretta* ou *chiusa,* comme dans le mot français *été*; *è* grave, que les Italiens appellent *e larga* ou *aperta*, comme dans le mot français *succès.*

L'*i* se prononce comme dans le mot français *Pise.*

L'*j* qui est au milieu des mots se prononce comme *i*, mais à la fin des mots, il a le son de deux *ii*. On ne doit jamais le prononcer avec le son français.

L'*e* et l'*i* ne changent jamais leur son devant *m* et *n*, comme en français; mais on doit conserver le son qui leur est propre, comme dans les mots français *Memnon*, *ennemi*, *immense*, *inné*.

L'*o* se prononce aussi de deux manières; *ó* aigu, que les Italiens appellent *ó largo*, comme dans le mot français *pot; o* grave, que les Italiens appellent *o stretto*, comme dans le mot français *Pó*.

L'*u* se prononce toujours comme *ou* français, ainsi *Perù* se prononce comme *Pérou*, et quoiqu'en quelques provinces de la Haute-Italie on ait ce qu'on appelle l'*u* français, cependant les Italiens qui prononcent bien leur langue ne doivent jamais lui donner que le son de l'*ou*.

Consonnes italiennes.

b c d f g h l m n p q r s t v z.
b tché d f g acca l m n p cou r s t v tzeta.

On ne peut jamais prononcer une consonne sans prononcer en même temps une voyelle; c'est pourquoi les Toscans prononcent *bi*, *ci*, *di*, etc., et les Romains *be*, *ce*, *de*, etc.

La consonne *c* a deux sons bien différens; suivie de l'*e* ou de l'*i*, elle rend un son aigu et clair, comme dans *Cicerone*, Cicéron, qu'on prononce *tchitcherone;* mais devant les voyelles *a*, *o*, *u*, elle a le même son que dans les mots français *cahos*, *comète*, *cousin;* — *caos*, *cometa*, *cugino*.

Le *g* a aussi un son clair, et aigu lorsqu'il est suivi des voyelles *e* ou *i*, comme dans le mot *Gengiskan*, qu'on prononce *dgendgiskan;* mais suivi des voyelles *a, o, u,* il a le même son que dans les mots français *Galatée, gondole, goût; — Galatea, gondola, gusto.*

L'*h* placé entre le *c* ou le *g*, et les voyelles *e* ou *i*, en change le son, et on prononce alors les syllabes *che, chi, ghe, ghi,* comme en français *ké, ki, gue, gui.*

Lorsque le *g* est suivi d'un *l*, les deux consonnes peuvent avoir deux sons très différens; suivies des voyelles *a, e, o,* elles ont le même son que dans les mots français *glace, réglé, glorieux;* mais suivies d'un *i*, le son en sera mouillé comme celui des deux *ll* mouillés en français, *Marseille, — Marsiglia.* Il y a cependant quelques exceptions où on les prononce comme dans les mots français *négligence;* par exemple, *anglia, negligente.*

Le *g* avant *n*, suivi d'une voyelle, se prononce comme dans les mots français *cocagne, magnanime, magnifique.*

Gua, gue, gui se prononcent comme on prononcerait en français *goua, goue, goui; — guadagno,* gain; *guerra, guida.*

Qua, que, qui, quo se prononcent comme on prononcerait en français *koua, koue, koui, kouo,* comme *quadro,* tableau; *questione,* question; *quintale,* quintal; *quoziente,* quotient, etc.

Les syllabes *ce, ci,* précédées d'un *s*, se prononcent exactement comme en français *che, chi; scelta,* choix; *sciagura,* malheur.

La lettre *z* a deux sons différens : l'un fort, comme dans le mot *pozzo*, puits, qu'on prononce *potzo* ; l'autre moins fort, semblable à celui de *dz*, comme *Zoroastro*, Zoroastre ; *rozzo*, grossier, qu'il faut prononcer *rodzo*, etc.

Dans les mots dérivés du grec ou du latin, aux lettres *k*, *x*, *y*, on substitue *c*, *s*, *i*, comme *Tiro*, *Serse*, etc.

Le *ph* est toujours remplacé par *f* ; philosophe, *filosofo*.

Au reste, on voudrait en vain peindre par l'écriture tous les sons, les modifications et les nuances dépendantes des différentes combinaisons des lettres. La voix peut seule les faire entendre, et on ne croit pas utile de donner d'autres règles de prononciation.

Des Diphtongues.

On appelle diphtongue la prononciation distincte de deux voyelles en une seule émission de voix ; les deux voyelles étant prononcées en un seul temps, il s'ensuit que les deux sons ne forment qu'une syllabe ; mais en italien, on prononce chaque voyelle : par exemple dans les mots *mai*, *sarai*, on prononce l'*ai* comme dans le mot français *payen* ; dans les mots *aurora*, aurore ; *augello*, oiseau, on ne prononce pas l'*au* comme en français, mais on fait sentir le son distinct des deux lettres, quoiqu'une voyelle dans les dipthongues soit toujours plus dominante que l'autre.

DU NOM ET DU GENRE.

LE nom ou le substantif est un mot qui représente un être ou un objet quelconque. Les noms ont deux propriétés, le genre et le nombre. Le genre est la propriété qu'ont les substantifs de représenter la distinction des sexes; le nombre représente l'unité ou la pluralité.

Les noms de la langue italienne ont été rangés en deux classes relativement au genre; l'une comprend les masculins, l'autre les féminins; il n'y a point de neutre.

La terminaison naturelle des noms de la langue italienne étant toujours une voyelle, c'est par elle que l'on doit reconnaître le genre des noms, et voici de quelle manière:

Les noms en *a* sont féminins.

On excepte, 1.º les noms d'individus masculins, comme *Andrea*, *Pitagora*, *Nerva*, etc.;

2.º Ceux de professions et de dignités exercées par des hommes, comme *monarca*, *patriarca*, *papa*, *duca*, *alchimista*, *artista*, *ebanista*, *copista*, etc.;

3.º Les suivans et semblables, dérivés du grec: *anagramma*, *anatema*, *assioma*, *clima*, *diadema*, *diploma*, *dogma*, *dramma*, *emblema*, *enigma*, *epigramma*, *fantasma*, *idioma*, *pianeta*, *poeta*, *poema*, *prisma*, *problema*, *scisma*, *sistema*, *stemma*, etc.

Les noms en *i* sont féminins.

1*

On excepte, 1.º les noms d'hommes, comme *Luigi*, *Giovanni*, *Dionigi*, etc.;

2.º Le mot *dì*, jour, et les composés de ce mot, comme *lunedì*, *martedì*, *mercoldì*, *giovedì*, *venerdì*.

3.º *Barbagianni*, hibou; *brindisi*, santé qu'on porte en buvant, ou *toast; eclissi*, éclipse; *Tamigi*, la Tamise, qui sont aussi masculins;

4.º *Genesi*, hors de la langue parlée, peut aussi être du genre masculin.

Les noms en *u* sont féminins.

On excepte, 1.º les noms d'individus masculins, comme *Esaù*, *Gesù*, etc.;

2.º Les mots *Corfù*, *Perù*.

Les noms terminés en *o* sont du genre masculin.

On excepte, 1.º *mano*, main; *eco*, l'écho.

2.º Les noms d'individus féminins, comme *Aletto*, *Atropo*, *Cloto*, *Erato*, *Saffo*, etc.;

3.º Les mots suivans employés poétiquement, *Cartago* pour *Cartagine*, *immago* pour *immagine*, *testudo* pour *testuggine*.

Pour le genre des noms terminés en *e*, voici les règles que l'on peut donner :

I. Les noms qui ont une des terminaisons suivantes en *me*, *nte*, *re*, sont masculins.

On excepte, 1.º en *me*, *fame*, faim; *speme*, espoir;

2.º En *nte*, *gente*, gens; *lente; mente*, esprit; *semente*, semence; *sorgente*, source;

3.º En *re*, *coltre*, couverture; *febbre*, fièvre; *madre*, mère; *polvere*, *scure*, *torre*.

II. Tous les autres noms en *e*, terminés autrement que par *me*, *nte*, *re*, sont généralement du même genre que les noms français auxquels ils correspondent : *sole*, soleil ; *notte*, nuit.

On excepte les suivans, qui sont :

1.º *Masculins en italien, et féminins en français.*

Cannocchiale, lunette d'approche ; *colle*, colline ; *cortile*, cour ; *covile*, tanière ; *fulmine*, foudre ; *guiderdone*, récompense ; *limite*, limite ; *paragone*, comparaison ; *viale*, allée d'arbres.

2.º *Féminins en italien, et masculins en français.*

Arte, art ; *botte*, tonneau ; *disperazione*, désespoir : *face*, flambeau ; *fenice*, phénix ; *lite*, procès ; *nave*, navire ; *palude*, marais ; *pigione*, loyer ; *rete*, filet ; *rupe*, rocher ; *salute*, salut ; *sorte*, sort ; *state*, l'été ; *strage*, carnage.

III. *Fante, parente, aere, arbore, carcere, cenere, fine, folgore, fonte, fronte, fune, lepre, serpe, tigre, trave*, sont des deux genres ; mais *fante*, domestique, et *parente*, parent, sont de vrais adjectifs et prennent le genre de l'individu auquel on les attribue. Dans la langue parlée, *fronte* est ordinairement féminin, et *trave*, poutre, *arbore*, arbre, sont ordinairement masculins.

Observations.

I. Plusieurs noms d'arbres à fruit terminés en *o*, en changeant l'*o* en *a*, deviennent féminins et marquent les fruits produits par ces mêmes arbres, comme *pero*, poirier ; *pera*, poire ; *castagno*, châtaignier; *castagna*, châtaigne; *ciriegio*, cerisier; *ciriegia*, cerise, etc.

Les suivans n'ont qu'une seule terminaison en *o*, et ils signifient l'arbre comme le fruit; *fico*, figuier et figue; *arancio*, oranger et orange; *cedro*, *limone*, citronnier et citron; *noce*, noyer, est masculin, et *noce*, noix, est féminin.

II. Quant au nom des animaux, les uns n'ont que le masculin, comme *tordo*, grive; d'autres n'ont que le féminin, comme *volpe*, renard; d'autres ont le masculin différent du féminin, comme *leone*, lion; *leonessa*, lionne; d'autres forment leur féminin en changeant en *a* l'*o* du masculin, comme *cavallo*, cheval; *cavalla*, jument. D'autres enfin sont des deux genres et n'ont qu'une seule terminaison, comme *serpe*, serpent; *lepre*, lièvre; *tigre*, tigre et tigresse.

DU NOMBRE.

Quand on prononce un nom, on peut l'appliquer à un ou à plusieurs individus semblables. Les noms sont donc susceptibles d'être tantôt au nombre singulier, tantôt au pluriel. Ces circonstances du nom sont indiquées dans la langue italienne par des changemens de désinences dans les formes du singulier de la manière suivante:

I. Tous les noms masculins, quelle que soit

leur terminaison, forment le pluriel en changeant la dernière voyelle du singulier en *i*, comme *poeta*, poëte, *poeti*, poëtes ; *padre*, père, *padri*, pères ; *maestro*, maître, *maestri*, maîtres.

Les mots *bue*, *uomo*, *Dio*, font au pluriel *buoi*, *uomini*, *Dei*.

II. Les noms féminins terminés en *a* changent au pluriel *a* en *e*, *spada*, épée, *spade*, épées ; ceux qui sont terminés en *e* ou en *o* changent ces voyelles en *i*, *madre*, *madri*; *mano*, *mani*, etc.

Le mot *moglie*, épouse, forme son pluriel en supprimant l'*e* final, *mogli*, épouses.

III. Les noms en *i*, en *u*, et ceux en *à* ou en *è* accentués retiennent la même terminaison au pluriel, comme *crisi*, crise, *crisi*, crises ; *virtù*, vertu, *virtù*, vertus ; *bontà*, bonté, *bontà*, bontés ; *rè*, roi, *rè*, rois, et semblables.

Il en est de même des mots suivans: *barbarie*, *effigie*; *progenie*, race; *requie*, repos; *serie*, *specie*; *superficie*, qui ne changent pas au pluriel.

IV. Dans les mots terminés en *cia*, *gia*, outre le changement de l'*a* en *e*, on supprime au pluriel l'*i* pénultième voyelle, comme *faccia*, *facce*; *bracia*, braise; *brace*, braises; *valigia*, valise, *valige*, valises; *pioggia*, pluie, *piogge*, pluies. La raison de cette suppression est que, dans les mots, l'*i* ne fait point partie intégrante des syllabes *ca* et *ga*, mais qu'il s'y trouve simplement pour conserver au *c* et au *g* l'uniformité du son au pluriel et au singulier.

Si *cia* et *gia* forment deux syllabes au lieu d'une,

ce que l'on reconnaît par un accent sur l'*i*, comme dans les mots *elegìa*, *energìa*, *magìa*, et semblables, alors on ne supprime pas l'*i* au pluriel, et on dit *elegìe*, *energìe*, *magìe*, etc.

Il faut aussi conserver l'*i* dans le pluriel des mots *audacia*, *contumacia*, *efficacia*, *fallacia*, *perspicqcia*, *pertinacia*, et autres semblables, et on dira *audacie*, *contumacie*, pour ne pas confondre ces pluriels, avec les adjectifs *audace*, audacieux; *contumace*, contumace; *efficace*, efficace; *fallace*, trompeur; *perspicace*, clairvoyant; *pertinace*, opiniâtre.

V. Les noms terminés en *ajo* forment leur pluriel en supprimant l'*o* final, comme *librajo*, libraire; *libraj*, libraires, etc.

VI. Tous les noms terminés en *io*, et dont cette désinence ne forme qu'une seule syllabe, changent au pluriel l'*io* en *j*, comme *spazio*, espace, *spazj*, espaces; *secretario*, *secretarj*, etc.

Mais si la syllabe finale est une des suivantes *cio*, *chio*, *gio*, *ghio*, *glio*, *scio*, alors on forme le pluriel en retranchant simplement l'*o* final, comme *impaccio*, embarras; *specchio*, miroir; *raggio*, rayon; *ragghio*, cris de l'âne; *giglio*, lys; *scroscio*, éclat; *uscio*, porte; leurs pluriels sont *impacci*, *specchi*, *raggi*, *ragghi*, *gigli*, *scrosci*, *usci*, etc.

Il faut excepter *auspicio*, *beneficio*, *giudicio*, *maleficio*, *regio*, dont les pluriels sont *auspicj*, auspices; *beneficj*, bienfaits; *giudicj*, jugemens; *maleficj*, maléfices; *regj*, royaux, qu'il ne faut pas confondre avec le pluriel des adjectifs *auspice*, *benefico*, *malefico*, et des substantifs *giudice*, juge;

rege, roi, qu'on écrit *auspici, benefici, malefici, giudici, regi.*

Enfin, si l'*io* final forme deux syllabes (en ce cas il y a toujours sur l'*i* un accent, qu'il conserve même au pluriel), il faut alors changer l'*o* en *i* et écrire le pluriel avec deux *ii*, comme *desìo*, désir; *desìi*, désirs; *mormorìo*, murmure; *mormorìi*, murmures, etc.

VII. Lorsque le nom singulier se termine en *ca* ou *ga*, il reçoit toujours un *h* au pluriel avant la dernière voyelle, pour conserver l'uniformité du son dans le mot, comme *verga*, verge, *verghe*, verges; *monarca*, monarque, *monarchi*, monarques; *amica*, amie, *amiche*, amies; *collega*, collègue, *colleghi*, collégues, etc.

VIII. Les mots terminés en *co* et *go* reçoivent l'*h* au pluriel avant la dernière voyelle:

1.º Dans tous les mots de deux syllabes, exceptés *Greco*, grec; *porco*, pourceau; *mago*, mage, dont le pluriel est *Greci, porci, magi*;

2.º Dans tous les mots qui ont plus de deux syllabes, lorsque la terminaison *co* ou *go* est précédée d'une consonne, comme *albergo*, auberge; *dittongo*, dipthongue; *maniscalco*, maréchal-ferrant, dont le pluriel est *alberghi, dittonghi, maniscalchi*, etc.

Mais dans tous les mots qui ont plus de deux syllabes et dont la désinence *co* ou *go* est précédée d'une voyelle, il ne faut point d'*h* au pluriel. Ainsi les mots *medico*, médecin; *nemico*, ennemi, font au pluriel *medici, nemici*, etc.

Exceptez :

Analogo, analogue.
Antico, ancien.
Beccafico, bec-figue.
Caduco, caduc.
Carico, charge.
Castigo, châtiment.
Catalogo, catalogue.
Dialogo, dialogue.
Fondaco, magasin.

Impiego, emploi.
Intrigo, intrigue.
Obbligo, obligation.
Presago, devin.
Prodigo, prodigue.
Ripiego, expédient.
Sacrilego, sacrilége, adj.
Scarico, décharge.

Observations.

Il y a des noms qui n'ont que le singulier, comme *prole*, progéniture; *stirpe*, race; *mele*, miel, etc., et d'autres qui n'ont que le pluriel, comme *nozze*, noces; *esequie*, funérailles; *molle* ou *molli*, pincettes, etc.

Il y a plusieurs noms masculins terminés en *o*, dont on forme le pluriel en changeant l'*o* en *i* ou en *a*: tels sont les suivans; mais il importe d'observer que quand ces mots changent l'*o* en *a* pour le pluriel, ils prennent l'article féminin:

Anello, anneau.
Braccio, bras.
Budello, boyeau.
Calcagno, talon.
Carro, chariot.
Castello, château.
Ciglio, sourcil.
Corno, corne.

Dito, doigt.
Filo, fil.
Fondamento, fondement.
Frutto, fruit.
Fuso, fuseau.
Ginocchio, genou.
Grido, cris.
Labbro, lèvre.

Lenzuolo, drap de lit.
Membro, membre.
Muro, mur.
Osso, os.
Pomo, pomme.
Riso, rire.
Sacco, sac.
Strido, cris.
Vestigio, trace.
Vestimento, vêtement.
Uovo, œuf.

On pourra donc dire au pluriel *gli anelli*, ou *le anella*; *i labbri*, ou *le labbra*; *i calcagni*, ou *le calcagna*, etc.

Legno, dont le pluriel est *legni*, signifie *du bois*; mais en parlant du bois à brûler, on doit dire *le legna*, ou *le legne*, et jamais *la legna* au singulier. On dit *mura* parlant des murs d'une ville, ou d'une forteresse, comme on dit *membra* parlant des parties du corps; mais en parlant des personnes qui composent un corps moral, comme un tribunal, une académie, on dit *i membri*.

DES DIFFÉRENS RAPPORTS QU'ONT LES NOMS ENTRE EUX.

Nous avons vu comment on peut connaître le genre et le nombre des noms dans la langue italienne; mais ces noms peuvent être considérés sous plusieurs rapports, que les Latins appelaient *cas*, et qu'ils exprimaient par une désinence particulière du mot. Un exemple fera mieux connaître ces différens rapports.

On peut énoncer les propositions suivantes:

1.º *L'homme est bon.* Dans cette proposition *l'homme* est le nominatif ou le sujet *qui la gouverne,* car qui est le sujet dont on dit qu'il est bon? c'est l'homme.

2.º La vie *de l'homme* est précieuse. Dans cette proposition la vie en est le sujet. On dit *de l'homme,* parce qu'on veut mettre en rapport *vie* et *homme,* et faire ainsi connaître que l'on parle de la vie d'un *homme,* et non de celle d'un autre animal. Ce régime indirect s'appelle *génitif* en latin, et en français rapport *d'extraction* ou *de qualification:* il est équivalent à un adjectif. Vie humaine, vie de l'homme, *vita umana, vita dell'uomo;* femme lyonnaise ou de Lyon, *donna lionese, o di Lione.*

3.º Dieu a donné la raison *à l'homme.* Dans cette proposition *l'homme* est encore considéré non comme le sujet, car c'est Dieu, mais comme l'être *auquel* Dieu a donné la raison. C'est ce qu'on appelle *datif,* ou *rapport d'attribution.*

4.º Dieu créa *l'homme.* Dans cette proposition *l'homme* est *l'accusatif,* ou *l'objet;* Dieu créa *quoi!* *l'homme.*

5.º *Homme,* sois sage. On s'exprime ainsi pour appeler une personne, ou pour s'adresser à elle. C'est ce que les anciens disaient *vocatif.*

6.º *De l'homme* juste au pervers la distance est immense. Dans cette proposition l'homme est considéré sous le *rapport d'éloignement,* ou *ablatif,* car le pervers s'éloigne *de qui! de l'homme juste;* ou autrement, c'est *de l'homme juste* que commence la distance à parcourir pour arriver jusqu'au pervers.

Par les exemples ci-dessus, on voit donc que *l'homme*, ou un autre substantif quelconque, peut être considéré sous six rapports différens, c'est-à-dire :

Nominatif, ou sujet;

Accusatif, ou objet;

Vocatif, ou appellatif.

Génitif, ou rapport d'extraction ou de qualification.

Datif, ou rapport d'attribution.

Ablatif, ou rapport d'éloignement.

Le sujet, ainsi que l'objet et l'appellatif, se faisant aisément connaître par eux-mêmes dans la proposition, n'ont besoin pour être distingués d'aucune préposition, c'est-à-dire d'aucune particule spéciale qui les précède; mais comme il n'en est pas de même des rapports d'extraction ou de qualification, d'attribution ou d'éloignement, on a eu recours pour les faire connaître à des prépositions qui sont placées devant les noms.

Le rapport d'extraction ou de qualification, qui est exprimé en français par la préposition *de*, l'est en italien par la préposition *di* : Ville *de* Paris, *città di Parigi.*

Le rapport d'attribution, qui est exprimé en français par la préposition *à*, l'est en italien par la préposition *a*, et par *ad*, si le mot suivant commence par une voyelle : Semblable *à* Paris, *simile* a *Parigi;* semblable *à* Alexandre, *simile* ad *Alessandro.*

Le rapport d'éloignement s'exprime en français par la préposition *de*, comme celui d'extraction; mais en italien il s'exprime par la préposition *da*, qu'il ne faut pas confondre avec la préposition *di*: *De* Lyon à Paris le chemin est beau, *da Lione a Parigi la strada è bella.*

Quand la préposition *di* se trouve devant une autre voyelle, on peut élider l'*i*, et mettre un apostrophe (') à sa place : Statue *d*'or ou *de* bronze, *Statua d*'oro *o* di *bronzo;* mais dans la préposition *da* on ne fait point d'élision.

DE L'ARTICLE.

L'ARTICLE est un mot qui, dans le discours, se place devant les noms, et les fait prendre dans une acception particulière. Il ne faut pas confondre l'article avec la préposition.

La langue italienne a trois articles : *lo, il, la.*

Lo, dont le pluriel est *gli,* se met devant les noms masculins qui commencent par *s* suivi d'un autre consonne, et devant ceux qui commencent par *z,* ou par une voyelle: *Lo strepito,* le bruit, *gli strépiti,* les bruits; *lo zotico,* le rustique, *gli zotici,* les rustiques; *l'onore,* l'honneur, *gli onori,* les honneurs.

Il, qui fait au pluriel *i,* se met devant les noms masculins, dont les lettres initiales ne sont pas les lettres indiquées ci-dessus: *Il canto,* le chant, *i canti,* les chants. Le mot *Dio* prend *gli* au pluriel : les Dieux, *gli Dei.*

La, dont le pluriel est *le*, se met devant tous les noms féminins ; et lorsque le nom commence par *a*, on retranche la voyelle de l'article au singulier : *La dottrina*, la doctrine, *le dottrine*, les doctrines ; *l'anima*, l'ame, *le anime*, les ames.

Un mot peut être employé avec ou sans article ; mais toutes les fois qu'il faut employer l'article et la préposition en faveur de l'harmonie du discours, et pour éviter le son désagréable qui résulte de la rencontre de plusieurs monosyllabes de suite, on n'a fait qu'un seul mot de l'article et des prépositions, dont l'usage est le plus fréquent. C'est pour cela qu'au lieu de *de le* père on dit *du père* ; et au lieu de dire *à les* hommes, *à les* femmes, on dit *aux hommes*, *aux femmes*, etc. ; il en est de même dans l'italien, et voici de quelle manière on doit lier ces mots dans le discours :

Lo,	le,	*il.*	*La,*	la.	
Dello,	du,	*del.*	*Della,*	de la.	
Allo,	au,	*al.*	*Alla,*	à la.	
Dallo,	du,	*dal.*	*Dalla,*	de la.	
Nello,	dans le,	*nel.*	*Nella,*	dans la.	
Collo,	avec le,	*col.*	*Colla,*	avec la,	
Gli,	les,	*i.*	*Le,*	les.	
Degli,	des,	*dei.*	*Delle,*	des.	
Agli,	aux,	*ai.*	*Alle,*	aux.	
Dagli,	des,	*dai.*	*Dalle,*	des.	
Negli,	dans les,	*nei.*	*Nelle,*	dans les.	
Cogli,	avec les,	*coi.*	*Colle,*	avec les.	

2 *

In, exprime en italien, le rapport d'existence en un lieu : en ville, *in città*. Mais cette préposition n'est placée en prose que devant les noms qui ne sont pas accompagnés de l'article. Dans les cas contraires, on emploie la préposition *ne*, équivalente à la même préposition *in*, en, ou dans; d'où résulte *nel, nello, nella, nei, negli, nelle* : dans le palais, *nel palazzo*, etc.

Con, avec, exprime le rapport de compagnie : avec Dieu, *con Dio*. Lorsque cette préposition se lie à l'article, on dit *collo, col, colla, cogli, coi, colle;* mais il vaut encore mieux se servir des correspondantes *con lo, con la, con gli, con le*, au lieu de *collo, colla, cogli, colle*.

Après la préposition *per*, pour, on doit mettre toujours *lo, gli*, mais devant les noms qui ne commencent ni par une voyelle, ni par *s* suivi d'une autre consonne, on peut lier cette préposition avec l'article, et dire *pel* pour le singulier, *pei, pe'*, ou *per li* pour le pluriel. On ne dira jamais *per il*, ou *per i*, qui n'est souffert que dans la langue parlée.

Emploi de l'article.

L'article, dans les langues, est destiné à exprimer certaines vues de l'esprit qu'il peut seul faire connaître en déterminant la signification générale. En effet, les trois idées suivantes : *ber vino, ber del vino*, et *ber il vino*, sont bien différentes, car la première exprime simplement faire usage de vin; la seconde, boire une quantité indéterminée de vin; et la troisième, boire tout le vin. D'après ces principes invariables, voici les règles pour l'emploi des articles dans la langue italienne:

Tous les objets semblables ont été rangés en différentes classes; on a donné à chaque classe d'êtres un nom particulier, afin de les distinguer les uns des autres. On a dit : *des hommes*, *des chevaux*, *des arbres*, etc. Ces classes ont été ensuite subdivisées en d'autres classes secondaires pour y placer des objets qui, par des qualités particulières, se distinguent de leurs semblables; et l'on a dit : *hommes de lettres*, *chevaux de guerre*, *arbres à fruits*, etc.

I. Si dans le discours on doit simplement indiquer une classe quelconque, ou même un seul individu d'une manière indéterminée, il ne faut point d'article. *Uccise uomo*, *e cavallo*, il tua homme et cheval; *mancavano d'armi*, *e di munizioni*, ils manquaient d'armes et de munitions.

II. Mais si l'on veut désigner un objet d'une manière déterminée, ou même toute la classe considérée par abstraction sous la forme d'un tout individuel, c'est-à-dire quand le nom est pris dans une étendue qui comprend tous les individus auxquels il peut être appliqué, il faut se servir de l'article. *La spada della giustizia*, l'épée de la justice; *alle donne è onesto piangere i defunti*, *agli uomini ricordarsene*, il convient aux femmes de pleurer les morts, et aux hommes de s'en ressouvenir. Dans le premier exemple on dit *la spada*, parce qu'on veut désigner celle de la justice, et non une épée en général; dans le second exemple on dit *alle donne*, et *agli uomini*, car on veut comprendre tous les individus du sexe respectif.

III. *Dio*, Dieu, étant le nom propre du souverain Être, ne reçoit l'article que lorsqu'on en fait une sorte de nom d'espèce par rapport à ses divers attributs : *Dio vede tutto*, Dieu voit tout: *il Dio di pace*, *il Dio di misericordia*, le Dieu de paix, le Dieu de miséricorde.

IV. Les noms propres d'hommes ne reçoivent pas l'article : *Pietro è a Parigi*, Pierre est à Paris.

Mais les noms propres employés par figure comme des noms d'espèce, reçoivent l'article, ainsi que les noms de famille appliqués à une seule personne distinguée parmi celles qui ont le même nom. C'est pourquoi nous disons : *i Demosteni*, *i Ciceroni*, c'est-à-dire les grands orateurs comme furent Démosthènes et Cicéron ; *il Petrarca*, *il Galileo*, c'est-à-dire le *poëte* Pétrarque, l'*astronome* Galilée. On voit que *poëte* et *astronome* sont ici des expressions sous-entendues qui qualifient l'individu dont on parle.

V. Les noms de pays, de royaumes, de provinces, de montagnes, de rivières, employés comme des qualificatifs, ne prennent point l'article. On dit *Roma*, *Napoli* sans article, expression abrégée de *la città di Roma*, *la città di Napoli*. On dit *vini di Spagna*, *di Francia*, *d'Italia*, parce que *Spagna*, *Francia*, *Italia*, qualifient simplement les vins dont on parle; mais si dans le moment de la parole, la pensée se porte sur toute l'étendue du pays, l'article est nécessaire. *I vini sono rari nella Germania*, les vins sont rares dans l'Allemagne.

On peut dire : *riva d'Arno* et *riva dell'Arno*, rivage d'Arno et rivage de l'Arno. Dans le premier cas, *Arno* ne fait que qualifier le rivage, et peu importe que ce soit sur un point ou sur l'autre; mais dans le second cas, on considère toute l'étendue de l'*Arno*. Cette règle paraît abstraite, mais un peu de réflexion et quelques autres exemples finiront de la faire connaître entièrement.

VI. L'usage veut, que les adjectifs de qualité, *Signore*, Monsieur; *Signora*, Madame, soient précédés de l'article, comme *il Signor Generale*, Monsieur le Général; *la Signora Clarice*, Madame Clarice.

VII. Dans le superlatif relatif, l'article, qui en français précède immédiatement le second terme de la comparaison, doit être supprimé en italien. Dans la chaleur *la* plus menaçante, etc., *nel caldo più minacciante*, etc. On rappellera cette règle au chapitre des comparatifs et superlatifs.

Gli ne doit jamais s'apostropher devant la voyelle, si ce n'est un *i*; on dit donc : *gli animi, gl' ingegni*.

DU VERBE.

Le verbe est un mot qui exprime, en général, ou d'une manière déterminée, l'existence dont le nom est le signe. Il n'y a donc, à proprement parler, qu'un seul verbe; savoir, le verbe *être*, parce qu'il n'y a que lui seul qui exprime l'existence. Mais ce verbe unique ne se montre pas toujours sous cette forme si simple; pour abréger le discours on a inventé des mots qui renferment tout à la fois le verbe *être* et l'*attribut*, ou l'*adjectif*, c'est-à-dire la qualité que l'on affirme de l'objet dont on parle; de là ces mots *aimer*, *croire*, qu'on a appelés *verbes*, parce qu'ils renferment le verbe, et ils sont équivalens à ces expressions *être aimant*, *croyant*, etc.

Il résulte aussi de ce que l'on vient de dire que le verbe *être* est le seul verbe *substantif*, et que tous les autres ne sont que des verbes *adjectifs*.

Mais l'existence d'une chose exprimée par le verbe est susceptible de temps, et le temps de divisions. Une chose peut exister à présent, pourra exister à l'avenir, ou put exister dans le temps passé. Voilà donc le temps présent, le futur et le passé; et pour exprimer ces différeuces dans les périodes du temps, il a fallu établir autant de formes relatives, qu'on appelle *temps*.

Une chose peut aussi avoir existé depuis plus ou moins de temps, ou pourra exister dans une époque plus ou moins éloignée du moment de la parole. D'ailleurs son existence peut être positive ou dépendante de certaines conditions, sans lesquelles elle ne peut pas avoir lieu. Pour exprimer ces différences, on a établi les *modes* ou les manières différentes de représenter l'existence relative. Il y a cinq *modes*.

I. L'*indicatif* quand on affirme qu'une chose est, ou qu'elle a été, ou qu'elle sera.

II. Le *conditionnel* quand on dit qu'une chose serait, ou qu'elle aurait été moyennant une condition.

III. L'*impératif* quand on commande de la faire. Ce mode manque de première personne, parce que pour commander à soi-même, il n'est besoin que d'un simple mouvement de la volonté.

IV. Le *subjonctif* quand on souhaite ou qu'on doute qu'elle se fasse. Il ne peut être employé que dans une proposition dépendante.

V. L'*infinitif* qui exprime l'action ou l'état en général, sans nombre ni personnes.

On prend pour modèles les verbes *être* et *avoir*, parce que ces deux verbes sont les auxiliaires de tous les autres, c'est-à-dire qu'ils ont la propriété de concourir, avec les participes des autres verbes, à la formation de leurs passés.

Le participe *stato*, été, ne peut se joindre en italien qu'avec le verbe *essere*; ainsi, le verbe *être* est auxiliaire de lui-même dans les formes composées, comme le verbe *avoir* l'est dans les siennes.

Conjugaison du verbe auxiliaire essere, *être.*

INFINITIF.

Essere, être.

PARTICIPE PRÉSENT.

Essendo, étant.

PARTICIPE PASSÉ.

Stato, été.

INDICATIF.

Sono, je suis.
Sei, tu es.
È, il est.
Siamo, nous sommes.
Siete, vous êtes.
Sono, ils sont.

IMPARFAIT.

Era, j'étais.
Eri, tu étais.
Era, il était.
Eravamo, nous étions.
Eravate, vous étiez.
Erano, ils étaient.

PRÉTÉRIT DÉFINI.

Fui, je fus.
Fosti, tu fus.
Fù, il fut.
Fummo, nous fûmes.
Foste, vous fûtes.
Furono, ils furent.

FUTUR SIMPLE.

Sarò, je serai.
Sarai, tu seras.
Sarà, il sera.
Saremo, nous serons.
Sarete, vous serez.
Saranno, ils seront.

Formes composées.

Essere stato, avoir été.

Essendo stato, ayant été.

Sono	*stato*		j'ai été.
Sei	ou		tu as été.
È	*stata,*		il a été.
Siamo	*stati*		nous avons été.
Siete	ou		vous avez été.
Sono	*state,*		ils ont été.

Era	*stato*		j'avais été.
Eri	ou		tu avais été.
Era	*stata,*		il avait été.
Eravamo	*stati*		nous avions été.
Eravate	ou		vous aviez été.
Erano	*state,*		ils avaient été.

Fui	*stato*		j'eus été.
Fosti	ou		tu eus été.
Fù	*stata,*		il eut été.
Fummo	*stati*		nous eûmes été.
Foste	ou		vous eûtes été.
Furono	*state,*		ils eurent été.

Sarò	*stato*		j'aurai été.
Sarai	ou		tu auras été.
Sarà	*stata,*		il aura été.
Saremo	*stati*		nous aurons été.
Sarete,	ou		vous aurez été.
Saranno,	*state,*		ils auront été.

FUTUR CONDITIONNEL.

Sarei, je serais.

Saresti, tu serais.

Sarebbe, il serait.

Saremmo, nous serions.

Sareste, vous seriez.

Sarebbero, ils seraient.

IMPÉRATIF.

Sii ou *sia*, sois.

Sia, qu'il soit.

Siamo, soyons.

Siate, soyez.

Siano ou *sieno*, qu'ils soient.

SUBJONCTIF.

Che sia, que je sois.

Che sia ou *sii*, que tu sois.

Che sia, qu'il soit.

Che siamo, que nous soyous.

Che siate, que vous soyez.

Che siano ou *sieno*, qu'ils soient.

IMPARFAIT DU SUBJONCTIF.

Che fossi, que je fusse.

Che fossi, que tu fusses.

Che fosse, qu'il fût.

Che fossimo, que nous fussions.

Che foste, que vous fussiez.

Che fossero, qu'ils fussent.

Conjugaison du verbe auxiliaire avere, *avoir.*

INFINITIF.

Avere, avoir.

PARTICIPE PRÉSENT.

Avendo, ayant.

PARTICIPE PASSÉ.

Avuto, eu.

Sarei	*stato*	j'aurais été.
Saresti	ou	tu aurais été.
Sarebbe	*stata ,*	il aurait été.
Saremmo	*stati*	nous aurions été.
Sareste	ou	vous auriez été.
Sarebbero	*state ,*	ils auraient été.

Sii ou sia	*stato*	aie été.
Sia	ou *stata ,*	qu'il ait été.
Siamo	*stati*	ayons été.
Siate	ou	ayez été.
Siano	*state ,*	qu'ils aient été.

Che sia	*stato*	que j'aie été.
Che sia ou sii	ou	que tu aies été.
Che sia	*stata ,*	qu'il ait été.
Che siamo	*stati*	que nous ayons été.
Che siate	ou	que vous ayez été.
Che siano	*state ,*	qu'ils aient été.

Che fossi	*stato*	que j'eusse été.
Che fossi	ou	que tu eusses été.
Che fosse	*stata ,*	qu'il eût été.
Che fossimo	*stati*	que nous eussions été.
Che foste	ou	que vous eussiez été.
Che fossero	*state ,*	qu'ils eussent été.

Formes composées.

Avere avuto , avoir eu.

Avendo avuto , ayant eu.

INDICATIF.

Ho ou *ò*, j'ai.
Hai ou *ài*, tu as.
Ha ou *à*, il a.
Abbiamo, nous avons.
Avete, vous avez.
Hanno, ils ont.

IMPARFAIT.

Aveva, j'avais.
Avevi, tu avais.
Aveva, il avait.
Avevamo, nous avions.
Avevate, vous aviez.
Avevano, ils avaient.

PRÉTÉRIT DÉFINI.

Ebbi, j'eus.
Avesti, tu eus.
Ebbe, il eut.
Avemmo, nous eûmes.
Aveste, vous eûtes.
Ebbero, ils eurent.

FUTUR SIMPLE.

Avrò, j'aurai.
Avrai, tu auras.
Avrà, il aura.
Avremo, nous aurons.
Avrete, vous aurez.
Avranno, ils auront.

FUTUR CONDITIONNEL.

Avrei, j'aurais.
Avresti, tu aurais.
Avrebbe, il aurait.
Avremmo, nous aurions.
Avreste, vous auriez.
Avrebbero, ils auraient.

Hò ou ò		j'ai eu.
Hai ou ài		tu as eu.
Ha ou à		il a eu.
Abbiamo	*avuto,*	nous avons eu.
Avete		vous avez eu.
Hanno ou ànno		ils ont eu

Aveva		j'avais eu.
Avevi		tu avais eu.
Aveva		il avait eu.
Avevamo	*avuto,*	nous avions eu.
Avevate		vous aviez eu.
Avevano		ils avaient eu.

Ebbi		j'eus eu.
Avesti		tu eus eu.
Ebbe		il eut eu.
Avemmo	*avuto,*	nous eûmes eu.
Aveste		vous eûtes eu.
Ebbero		ils eurent eu.

Avrò		j'aurai eu.
Avrai		tu auras eu.
Avrà		il aura eu.
Avremo	*avuto,*	nous aurons eu.
Avrete		vous aurez eu.
Avranno		ils auront eu.

Avrei		j'aurais eu.
Avresti		tu aurais eu.
Avrebbe		il aurait eu.
Avremmo	*avuto,*	nous aurions eu.
Avreste		vous auriez eu.
Avrebbero		ils auraient eu.

3*

IMPÉRATIF.

Abbi, aie.
Abbia, qu'il ait.
Abbiamo, ayons.
Abbiate, ayez.
Abbiano, qu'ils aient.

SUBJONCTIF.

Che abbia, que j'aie.
Che abbia ou *abbi,* que tu aies.
Che abbia, qu'il ait.
Che abbiamo, que nous ayons.
Che abbiate, que vous ayez.
Che abbiano, qu'ils aient.

IMPARFAIT DU SUBJONCTIF.

Che avessi, que j'eusse.
Che avessi, que tu eusses.
Che avesse, qu'il eût.
Che avessimo, que nous eussions.
Che aveste, que vous eussiez.
Che avessero, qu'ils eussent.

Ave pour *ha; avea* pour *aveva; avrìa* pour *avrebbe; fur, furo, furno, foro* pour *furono; fia* pour *sarà; fiano, fieno* pour *saranno; fora, sarìa* pour *sarebbe; forano, sariano* pour *sarebbero,* appartiennent à la poésie.

Abbi		aie eu.
Abbia		qu'il ait eu.
Abbiamo	*avuto ,*	ayons eu.
Abbiate		ayez eu.
Abbiano		qu'ils aient eu.

Che abbia		que j'aie eu.
Che abbi ou abbia		que tu aies eu.
Che abbia		qu'il ait eu.
Che abbiamo	*avuto ,*	que nous ayons eu.
Che abbiate		que vous ayez eu.
Che abbiano		qu'ils aient eu.

Che avessi		que j'eusse eu.
Che avessi		que tu eusses eu.
Che avesse		qu'il eût eu.
Che avessimo	*avuto ,*	que nous eussions eu.
Che aveste		que vous eussiez eu.
Che avessero		qu'ils eussent eu.

Observations sur les verbes auxiliaires.

I. Le participe du verbe *essere* doit toujours prendre la terminaison qui convient au genre et au nombre du sujet, dont il exprime en partie l'état : *Carlo è stato, la donna è stata, i cavalli sono stati, le navi sono state.*

II. On dit en français : *j'ai à vous dire, il est à craindre,* etc. Dans ces phrases, on remplace en italien la préposition *à* par *a* ou *da,* et l'on peut dire : *ho a dirvi,* ou *ho da dirvi; è a temere,* ou *è da temere.* Dans toutes les deux formes, la phrase est elliptique, ce qui paraîtra mieux en mettant entre deux parenthèses ce que l'ellipse a supprimé : *Ho* (materia, che mi obliga) *a dirvi; ho* (materia) *da* (cui son contretto a) *dirvi; è uomo* (cui si attribuiscono qualità per farsi) *temere; è uomo da* (cui partono cagioni per farsi) *temere.* La vraie raison pour laquelle les Italiens emploient dans des phrases semblables la préposition *a* ou *da* n'est tirée que de la nature de l'expression elliptique, ou sous-entendue dans le discours.

III. Quand on demande en français : *qui est-ce?* on répond : *c'est moi, c'est nous,* etc.; savoir cet objet que vous demandez, est *moi, nous,* etc. Voilà pourquoi le verbe *être* doit toujours être à la troisième personne du singulier. Mais en italien, on répond : *sono io, siamo noi;* c'est-à-dire : *io sono colui che interrogate; noi siamo coloro che interrogate;* je suis celui, ou nous sommes ceux que vous interrogez. Voilà pourquoi le verbe *essere* s'accorde toujours avec la personne qui répond.

IV. Le verbe *être* offre un idiotisme en français quand on dit : *c'est à moi*, *c'est à toi*, etc., à faire, à parler, etc. En ces cas, il est remplacé en italien par les verbes *stare*, ou *spettare*, ou *toccare*, qui ont la signification de *appartenere*, appartenir : *Tocca a me il parlare ; sta a me il dire ; spetta a voi di fare*, etc.

V. On dit en italien : *questo libro è di Pietro*, *questa casa è di Carlo ;* ce livre est à Pierre, cette maison est à Charles. Dans ces phrases, le francais met Pierre et Charles au rapport d'attribution; l'italien les met au rapport de qualification, car il qualifie la maison par son propriétaire; c'est comme s'il disait : *questo libro è* (proprietà) *di Pietro ; questa casa è* (proprietà) *di Carlo*.

~~~~~~

DES VERBES RÉGULIERS.

LA langue italienne n'a que trois conjugaisons qu'on reconnaît à la désinence de l'infinitif.

La première a l'infinitif en *are*, comme *parlare*, parler.

La seconde a l'infinitif en *ere*, comme *credere*, croire.

La troisième a l'infinitif en *ire*, comme *sentire*, sentir.

Retranchant de chaque infinitif les trois derniè-
~~~~~~

res lettres, et en y substituant celles qui sont aux temps, aux modes et aux personnes marqués dans la table ci-après, sous les numéros respectifs, on a le temps et la personne qu'on veut conjuguer.

Observations.

I. On n'a pas mis les temps et modes composés, car ce ne sont que les temps et les modes des verbes auxiliaires *avere* ou *essere* avec le participe du verbe qu'on veut conjuguer : *Sei amato ; aveva venduto ; sarò servito ; avrei parlato ; che abbiate temuto*, etc.

II. Les verbes en *care* et *gare*, comme *cercare*, chercher ; *pregare*, prier, dans tous les temps et les personnes où le *c* et le *g* précèdent les voyelles *e* ou *i*, prennent un *h* entre la consonne et la voyelle, pour soutenir l'uniformité du son : *Cerchi, preghi, cercherò, pregherei*, etc.

III. Dans les verbes réguliers de la troisième conjugaison, hors les suivans et leurs composés, il faut changer l'*ire* de l'infinitif en *isco ;* en conséquence, il faut les conjuguer aux modes indicatif, impératif et subjonctif, aux trois personnes du singulier, et à la dernière du pluriel, comme à la lettre A. La première et la seconde personne du pluriel sont régulières.

Aprire, ouvrir.	*Pentire*, repentir.
Avvertire, avertir.	*Seguire*, suivre.
Bollire, bouillir.	*Sentire*, sentir.
Dormire, dormir.	*Servire*, servir.
Fuggire, fuir.	*Sortire*, sortir.
Partire, partir.	*Vestire*, vêtir.

Les verbes suivans peuvent être conjugués de deux manières :

Ferire, blesser; *fero* ou *ferisco*.

Inghiottire, engloutir; *inghiotto* ou *inghiottisco*.

Mentire, mentir; *mento* ou *mentisco*.

Nutrire, nourrir; *nutro* ou *nutrisco*.

Offerire, offrir; *offero*, *offro* ou *offerisco*.

Proferire, proférer; *profero* ou *proferisco*.

IV. La pratique des bons écrivains n'autorise pas à dire : *amavo*, *credevo*, *sentivo*, pour *amava*, *credeva*, *sentiva*, comme quelques Italiens le disent à la première personne. On peut dire : *credea*, *sentia*, au lieu de *credeva*, *sentiva*; *credeano*, *sentiano*, au lieu de *credevano*, *sentivano*; *amerìa*, *crederìa*, *sentirìa*, pour *amerebbe*, *crederebbe*, *sentirebbe*. On dit aussi : *amerebbono*, *crederebbono*, *sentirebbono*, pour *amerebbero*, *crederebbero*, *sentirebbero*; et *amassino*, *credessino*, *sentissino*, à la troisième personne du pluriel de l'imparfait du subjonctif.

Les poëtes et les orateurs disent aussi : *amaro*, *credero sentiro*, *amàr*, *credèr*, *sentìr*; et *amarno*, *crederno*, *sentirno*, au lieu de *amarono*, *crederono*, *sentirono*.

Les poëtes, en faveur de la rime, ont dit : *credìa* pour *credeva*; et on trouve dans les anciens, *crediè* pour *credeva*; *credièno* et *sentièno* pour *credevano* et *sentivano*. On a cru cette remarque nécessaire pour l'intelligence des poëtes et des anciens écrivains; mais la plupart de ces manières ne sont pas employées actuellement, surtout dans la prose.

INFINITIF.	PARTICIPES	
	PRÉSENT.	PASSÉ.
I. *Are*, ...	*ando*,	*ato*.
II. *Ere*, ...	*endo*,	*uto*.
III. *Ire* , ...	*endo*,	*ito*.

INDICATIF.

I.	*o, i, a*, ...	*iamo, ate, ano*.
II.	*o, i, e*, ...	*iamo, ete, ouo*.
III.	*o, i, e*, ...	*iamo, ite, ono*.
A.	*isco, isci, isce*, ...	*iamo, ite, iscono*.

IMPARFAIT.

I.	*ava, avi, ava*, ...	*avamo, avate, avano*.
II.	*eva, evi, eva*, ...	*evamo, evate, evano*.
III.	*iva, ivi, iva*, ...	*ivamo, ivate, ivano*.

PRÉTÉRIT DÉFINI.

I.	*ai, asti, ò*, ...	*ammo, aste, arono*.
II.	*ei* ou *etti, esti, è* ou *ette*, .*emmo, este, erono*, ou *ettero*.	
III.	*ii, isti, ì*, ...	*immo, iste, irono*.

FUTUR SIMPLE.

I. II.	*erò, erai, erà*, ... *eremo, erete, eranno*.
III.	*irò, irai, irà* , ... *iremo, irete, iranno*.

FUTUR CONDITIONNEL.

I. II.	*erei, eresti, erebbe*, .. *eremmo, ereste, erebbero*.
III.	*irei, iresti, irebbe*, .. *iremmo, ireste, irebbero*.

IMPÉRATIF.

I.	*a, i*, ...	*iamo, ate, ino*.
II.	*i, a*, ...	*iamo, ete, ano*.
III.	*i, a*, ...	*iamo, ite, ano*
A.	*isci, isca*, ...	*iamo, ite, iscano*.

SUBJONCTIF.

I.   i, i, i, ... iamo, iate, ino.
II. a, a, a, ... iamo, iate, ano.
III. a, a, a, ... iamo, iate ano.
A.   isca, isca, isca, ... iamo, iate, iscano.

IMPARFAIT DU SUBJONCTIF.

I.   assi, assi, asse, ... assimo, aste, asseroi
II. essi, essi, esse, ... essimo, este, essero.
III. issi, issi, isse, ... issimo, iste, issero.

DES VERBES IRRÉGULIERS.

IL n'y a que quatre verbes irréguliers avec leurs composés dans la première conjugaison, savoir :

ANDARE, aller.

Andando.	Andrò, etc.
Andato.	-Andrei, etc.
Vo ou vado,	Va,
Vai,	Vada,
Va,	Andiamo,
Andiamo,	Andate,
Andate,	Vadano.
Vanno.	
	Vada,
Andava, etc.	Vada ou vadi,
Andai, etc.	Vada,

Andiamo,	Vadano.
Andiate,

Andassi, etc.

DARE, donner.

Dando.	Da,
	Dia,
Dato.	Diamo,
	Date,
Do,	Diano.
Dai,
Da,
Diamo,	Dia,
Date,	Dia ou dii,
Danno.	Dia,
	Diamo,
Dava, etc.	Diate,
	Diano.
Diedi ou detti,
Desti,
Diede ou dette,	Dessi,
Demmo,	Dessi,
Deste,	Desse,
Dettero ou diedero.	Dessimo,
	Deste,
Darò, etc.	Dessero.

Darei, etc.

FARE , faire.

Facendo.	*Farò, etc.*
Fatto.	*Farei, etc.*
Fo ou faccia,	*Fa,*
Fai,	*Faccia,*
Fa,	*Facciamo,*
Faciamo,	*Fate,*
Fate,	*Facciano.*
Fanno.	
	Faccia,
Faceva, etc.	*Faccia ou facci,*
	Faccia,
Feci,	*Facciamo,*
Facesti,	*Facciate,*
Fece,	*Facciano.*
Facemmo,	
Faceste,	*Facessi, etc.*
Fecero.	

N. B. *Assuefare*, habituer; *disfare*, défaire; *rifare*, refaire; *soddisfare*, satisfaire, se conjuguent comme *fare*.

STARE , rester.

Stando.	*Sta,*
	Stiamo,
Stato.	*State,*
Sto,	*Stanno.*
Stai,	

Stava, etc.	*Stiano.*
Stetti,	*Stia,*
Stesti,	*Stia* ou *stii,*
Stette,	*Stia,*
Stemmo,	*Stiamo,*
Steste,	*Stiate,*
Stettero.	*Stiano.*
Starò, etc.	*Stessi,*
Starei, etc.	*Stessi,*
	Stesse,
Sta,	*Stessimo,*
Stia,	*Steste,*
Stiamo,	*Stessero.*
State,	

Remarques sur des locutions relatives aux verbes
andare *et* stare.

Quand on veut exprimer une action faite progressivement, ou en différens points successifs, on
se sert en italien des verbes *andare* ou *venire,*
suivis du participe présent du verbe qui exprime
l'action même. *Vanno cogliendo fiori;* cette manière exprime parfaitement et le mouvement et
l'action progressive de cueillir les fleurs. *Vengo
studiando gli autori classici italiani : vengo studiando* exprime que je fais cette étude en différentes époques successives.

Mais pour désigner une action continuée sans interruption dans le même lieu, on doit se servir du verbe *stare*, suivi du participe de l'autre verbe qui exprime l'action : *Stava scrivendo lettere : sta dipingendo.* Ces expressions marquent que la personne continue toujours, et dans le même lieu, l'action d'écrire, de peindre, etc. Des dames qui se promèneraient dans un jardin en cueillant des fleurs, il faudra donc dire : *vanno cogliendo fiori;* et des hommes qui mangeraient assis à une table, il faudra dire : *stanno mangiando.* Si on disait des premières : *stanno cogliendo,* et des derniers : *vanno mangiando,* l'expression serait fausse.

On dit en français : *je vais; j'irai; j'allais chez vous.* Mais en italien, toutes les fois que le mouvement est dirigé vers la personne à laquelle on parle ou l'on écrit, on doit se servir du verbe *venire,* venir; et l'on dira : *vengo, verrò, veniva,* etc. J'irai vous trouver : *verrò a trovarvi.* Il faut remarquer aussi que toutes les fois qu'un verbe exprimant un mouvement comme *andare, venire, correre,* etc., précède l'infinitif d'un autre verbe, celui-ci doit être précédé de la préposition *a* ou *ad* : allez voir, *andate a vedere;* venez écouter, *venite ad ascoltare;* courez porter, *correte a portare,* etc.

On emploie aussi en italien ces trois locutions différentes :

1.º *Gli dà il mangiare ed il bere;*
2.º *Gli dà da mangiare e da bere;*
3.º *Gli dà mangiare e bere.*

4*

Quant à la première, toutes les fois qu'un infinitif est précédé de l'article, il est en italien équivalent à un substantif; ainsi elle est équivalente à : il lui donne la nourriture et la boisson; *gli dà il cibo e la bevanda.*

Quant à la seconde, c'est une phrase elliptique équivalente à : *gli da materia da cui prenda il mangiare, ed il bere.* C'est de même de toutes les expressions semblables : *Datemi da scrivere, vi darò da studiare ; gli diede da leggere*, etc.

Si *mangiare* et *bere* désignent une nourriture et une boisson d'habitude ou convenue, comme, par exemple, celle que l'on donnerait à un domestique; dans ce cas, il faut employer la première expression avec l'article. Mais si l'on parle d'un manger et d'un boire accidentel; en ce cas, comme ce n'est plus un manger et un boire déterminé, il faut absolument dire : *da mangiare, e da bere.*

Quant à la troisième locution, elle est équivalente à la première, car on peut supprimer par l'ellipse l'article, mais on ne peut pas supprimer la préposition *da.* Ainsi d'un ouvrier qu'on aura à ses gages, on pourra dire : *gli da mangiare e bere;* mais d'un ami qui passerait quelques jours chez un autre, il faudrait dire : *gli dà da mangiare,* etc.; car la nourriture de celui-ci est accidentelle.

Sto per dire ; stava per fare, etc., sont aussi des manières elliptiques de dire équivalentes aux françaises : je suis prêt à dire, j'étais prêt à faire, etc., mais l'ellipse supprime en italien le mot *pronto,* prêt.

Observation sur les participes de la première coujugaison.

Tous les participes des verbes de cette conjugaison se terminent en *ato*, excepté *fatto*, fait. Cependant les étrangers confondent une grande partie de ces participes, croyant qu'on les exprime aussi par une contraction, d'une manière différente, qui peut se prendre pour la première personne de l'indicatif. On trouve souvent : *acconcio, adorno, asciutto, avvezzo, carico, fermo, lacero, manifesto, netto, pago, privo, stanco*, etc., pour *asciugato, avvezzato, caricato, fermato, lacerato, manifestato, nettato, privato, stancato*, etc. Dans ces cas, ce ne sont plus des participes, mais de vrais adjectifs qui expriment un *état*, et jamais une *action*. On dira, par exemple : *sono stanco*, je suis las; *sono carico*, je suis chargé. Mais on ne dira pas : *ho stanco* pour dire *ho stancato due cavalli, ho carico* pour dire *ho caricato due muli*, etc. Ainsi, dans des cas semblables, les étrangers n'ont qu'à faire un peu d'attention au sens de la phrase, et ils apercevront aisément que ce n'est ni l'indicatif, ni le participe, mais un adjectif que les Italiens expriment de cette manière.

DES VERBES IRRÉGULIERS DE LA SECONDE CONJUGAISON.

Il faut diviser ces verbes en deux classes, dont la première comprend tous ceux qui n'ont d'autres irrégularités que les trois formes suivantes du prétérit, et le participe passé. Au lieu de plusieurs règles que donnent les grammairiens, on a préféré mettre ici la note de tous ces verbes, avec la première personne du prétérit, et le participe.

D'abord la seconde personne du singulier, la première et la seconde du pluriel sont toujours régulières. Les trois autres sont irrégulières. La première se termine toujours en *i*, comme *accesi*, *caddi*, *lessi*, etc. Les deux autres se forment de la première, et en changeant l'*i* en *e*, on aura la troisième du singulier, comme *accese*, *cadde*, *lesse*, etc.; en changeant l'*i* en *ero*, on aura la troisième du pluriel, comme *accesero*, *caddero*, *lessero*, etc.

Quelques-uns, comme *assistere*, n'ont d'irrégulier que le participe passé.

INFINITIF.

Accadere, arriver, comme *cadere*.
Accendere, allumer, *accesi*, *acceso*.
Accingersi, se préparer, comme *cingere*.
Accorgersi, s'apercevoir, *accorsi*, *accorto*.
Accorrere, accourir, v. *correre*.
Accrescere, augmenter, v. *crescere*.
Affiggere, afficher, *affissi*, *affisso*.
Affliggere, affliger, *afflissi*, *afflitto*.
Aggiungere, *Aggiugnere*, ajouter, v. *giugnere*.
Alludere, faire allusion, v. *deludere*.
Ammettere, admettre, v. *mettere*.
Appendere, pendre, suspendre, *appesi*, *appeso*.
Apprendere, apprendre, v. *prendere*.

Ardere, brûler, *arsi, arso.*
Arrendersi, se rendre, v. *rendere.*
Arridere, sourire, v. *ridere.*
Ascendere, monter, *ascesi, asceso.*
Ascondere, cacher, *ascosi, ascoso* ou *ascosto.*
Ascrivere, attribuer, mettre au nombre, *ascrissi, ascritto.*
Aspergere, asperger, *aspersi, asperso.*
Assidersi, être assis, *assisi, assiso.*
Assistere, assister, prétérit régulier, *assistito.*
Assolvere, absoudre, *assolsi, assolto* ou *assoluto.*
Assorbere, absorber, prét. régulier, *assorto.*
Assumere, entreprendre, *assunsi, assunto.*
Astergere, absterger, v. *tergere.*
Astringere, contraindre, v. *stringere.*
Attendere, attendre, *attesi, atteso.*
Attingere, puiser, *attinsi, attinto.*
Attorcere, tordre, v. *torcere.*
Avvincere, lier, v. *vincere.*
Avvolgere, envelopper, v. *volgere.*
Cadere, tomber. *caddi, caduto.*
Chiedere, demander, *chiesi, chiesto.*
Chiudere, fermer, *chiusi, chiuso.*
Cingere, ceindre, *cinsi, cinto.*
Circoncidere, circoncire, *circoncisi, circonciso.*
Circoscrivere, circonscrire, v. *scrivere.*
Commettere, commettre, v. *mettere.*
Compiangere, plaindre, v. *piangere.*
Comprendere, comprendre, v. *prendere.*
Comprimere, comprimer, v. *opprimere.*
Compromettere, compromettre, v. *mettere.*

Compungere, pénétrer, v. *pungere*.
Conchiudere, conclure, v. *chiudere*.
Concludere, conclure, *conclusi, concluso*.
Concorrere, concourir, v. *correre*.
Concuocere, digérer, v. *cuocere*.
Condiscendere, condescendre, v. *ascendere*.
Configgere, clouer, v. *affiggere*.
Confondere, confondre, v. *fondere*.
Congiungere, unir, v. *giungere*.
Connetteré, unir, *connessi, connesso*.
Conoscere, connaître, *conobbi, conosciuto*.
Conquidere, vexer, *conquisi, conquiso*.
Consistere, consister, prét. régulier, *consistito*.
Cospergere, asperger, v. *aspergere*.
Contendere, disputer, *contesi, conteso*.
Contorcere, tordre, v. *torcere*.
Convincere, convaincre, v. *vincere*.
Correggere, corriger, *corressi, corretto*.
Correre, courir, *córsi, corso*.
Corrispondere, correspondre, v. *rispondere*.
Corrodere, ronger, v. *rodere*.
Corrompere, corrompre, v. *rompere*.
Costringere, contraindre, v. *stringere*.
Crescere, croître, *crebbi, cresciuto*.
Cuocere, cuire, *cossi, cotto*.
Decadere, déchoir, v. *cadere*.
Decidere, décider, *decisi, deciso*.
Decrescere, décroître, v. *crescere*.
Deludere, tromper, *delusi, deluso*.
Deprimere, déprimer, v. *opprimere*.
Deridere, railler, *derisi, deriso*.

Descrivere, décrire, v. *scrivere.*
Desistere, désister, v. *assistere.*
Difendere, défendre, *difesi, difeso.*
Diffondere, répandre, *diffusi, diffuso.*
Dimettere, démettre, v. *mettere.*
Dipingere, peindre, *dipinsi, dipinto.*
Dirigere, diriger, *diressi, diretto.*
Discendere, descendre, *discesi, disceso.*
Discorrere, discourir, *discorsi, discorso.*
Discutere, discuter, *discussi, discusso.*
Disgiungere, séparer, v. *giungere.*
Dismettere, démettre, v. *mettere.*
Disperdere, dispergere, disperser, *dispersi, di-*
    sperso.
Dissuadere, dissuader, v. *persuadere.*
Distendere, étendre, v. *stendere.*
Distinguere, distinguer, *distinsi, distinto.*
Distruggere, détruire, *distrussi, distrutto.*
Divellere, arracher, *divelsi, divelto.*
Dividere, diviser, *divisi, diviso.*
Eleggere, élire, v. *leggere.*
Elidere, élider, *elisi, eliso.*
Eludere, éluder, v. *deludere.*
Ergere, élever, *ersi, eretto.*
Erigere, ériger, *eressi, eretto.*
Escludere, exclure, *esclusi, escluso.*
Esigere, exiger, prét. régulier, *esatto.*
Esistere, exister, prét. régulier, *esistito.*
Espellere, expulser, *espulsi, espulso.*
Esprimere, exprimer, v. *opprimere.*
Estendere, étendre, v. *stendere.*

Estinguere, éteindre, *estinsi. estinto.*
Fendere, fendre, régulier, ou *fessi, fesso.*
Figgere, ficher un clou, *fissi, fitto* ou *fisso.*
Fingere, feindre, *finsi, finto.*
Fondere, fondre, *fusi, fuso.*
Frammettere, entremettre, v. *mettere.*
Frangere, briser, *fransi, franto.*
Friggere, frire, *frissi, fritto.*
Genuflettere, s'agenouiller, prét. régul. *genuflesso.*
Giungere, arriver, *giunsi giunto.*
Illudere, tromper, v. *deludere.*
Immergere, plonger, *immersi, immerso.*
Imprimere, imprimer, *impressi, impresso.*
Inchiudere, enfermer, v. *chiudere.*
Incidere, graver, *incisi, inciso.*
Includere, enfermer, *inclusi, incluso.*
Incorrere, encourir, v. *correre.*
Increscere, être fâché, v. *crescere.*
Infondere, infuser, v. *fondere.*
Infrangere, briser, v. *frangere.*
Inframettere, entremettre, v. *mettere.*
Ingiungere, *Ingiugnere*, ordonner, v. *giungere.*
Inscrivere, inscrire, v. *scrivere.*
Insistere, insister, prét. régulier, *insistito.*
Insorgere, se soulever, *insorsi, insorto.*
Intendere, entendre, *intesi, inteso.*
Intermettere, entremettre, v. *mettere.*
Interrompere, interrompre, *interruppi, interrotto.*
Intingere, tremper, v. *tingere.*
Intraprendere, entreprendre, v. *prendere.*
Intridere, détremper, *intrisi, intriso.*

Intromettere, introduire, v. *mettere*.

Intrudere, introduire illégalement, *intrusi, intruso*.

Invadere, envahir, *invasi, invaso*.

Ledere, léser, *lesi, leso*.

Leggere, lire, *lessi, letto*.

Manomettere, manumettre, affranchir, v. *mettere*.

Mettere, mettre, *misi, messo*.

Mordere, mordre, *morsi, morso*.

Movere ou *muovere*, mouvoir, *mossi, mosso*.

Mungere, traire, *munsi, munto*.

Nascere, naître, *nacqui, nato*.

Nascondere, cacher, *nascosi, nascoso* ou *nascosto*.

Negligere, négliger, *neglessi, negletto*.

Nuocere, nuire, *nocqui, nociuto*.

Occorrere, arriver, v. *correre*.

Offendere, offenser, *offesi, offeso*.

Omettere, omettre, v. *mettere*.

Opprimere, opprimer, *oppressi, oppresso*.

Pascere, paître, prét. régulier, *pasciuto*.

Percorrere, parcourir, v. *correre*.

Percuotere, frapper, *percossi, percosso*.

Permettere, permettre, v. *mettere*.

Persistere, persister, prét. régulier, *persistito*.

Persuadere, persuader, *persuasi, persuaso*.

Piangere, pleurer, *piansi, pianto*.

Pingere, peindre, *pinsi, pinto*.

Porgere, présenter, *porsi, porto*.

Precorrere, dévancer, v. *correre*.

Prefiggere, déterminer, *prefissi, prefisso*.

Premettere, poser avant, v. *mettere*.

Prendere, prendre, *presi, preso.*
Prescrivere, prescrire, v. *scrivere.*
Presumere, présumer, *presunsi, presunto.*
Pretendere, prétendre, *pretesi, preteso.*
Profondere, dissiper, v. *fondere.*
Promettere, promettre, v. *mettere.*
Promuovere, promouvoir, v. *muovere.*
Prorompere, éclater, v. *rompere.*
Proscrivere, proscrire, v. *scrivere.*
Prostendersi, se prosterner, *prostesi, prosteso.*
Proteggere, protéger, *protessi, protetto.*
Pungere, piquer, *punsi, punto.*
Radere, raser, *rasi, raso.*
Raggiungere, rejoindre, *raggiunsi, raggiunta.*
Ravvolgere, envelopper, v. *volgere.*
Recidere, couper, *recisi, reciso.*
Redimere, racheter, *redensi, redento.*
Reggere, régir, *ressi, retto.*
Rendere, rendre, *resi, reso.*
Reprimere, réprimer, *repressi, represso.*
Rescrivere, faire un rescrit, *rescrissi, rescritto.*
Resistere, résister, prét. régulier, *resistito.*
Respingere, repousser, *respinsi, respinto.*
Restringere, restreindre, *restrinsi, ristretto.*
Riavere, ravoir, comme *avere.*
Ricadere, retomber, v. *cadere.*
Richiedere, demander, v. *chiedere.*
Richiudere, refermer, v. *chiudere.*
Riconoscere, reconnaître, v. *conoscere.*
Ricorrere, recourir, v. *correre.*
Ridere, rire, *risi, riso.*

Rifondere, refondre, v. *fondere*.
Rileggere, relire, v. *leggere*.
Rilucere, reluire, *rilussi*, sans participe.
Rimettere, remettre, v. *mettere*.
Rimordere, remordre, v. *mordere*.
Rimovere, éloigner, v. *movere*.
Rinascere, renaître, v. *nascere*.
Rinchiudere, renfermer, v. *chiudere*.
Rincrescere, déplaire, v. *crescere*.
Riprendere, reprendre, v. *prendere*.
Riscuotere, réveiller, exiger, *riscossi*, *riscosso*.
Risolvere, résoudre, *risolsi*, *risoluto*, *risolto*.
Risorgere, se relever, ressusciter, *risorsi*, *risorto*.
Rispondere, répondre, *risposi*, *risposto*.
Ritorcere, retorquer, *ritorsi*, *ritorto*.
Rivivere, revivre, v. *vivere*.
Rivolgere, retourner, *rivolsi*, *rivolto*.
Rodere, ronger, *rosi*, *roso*.
Rompere, rompre, *ruppi*, *rotto*.
Scadere, déchoir, *scaddi*, *scaduto*.
Scendere, descendre, *scesi*, *sceso*.
Schiudere, ouvrir, *schiusi*, *schiuso*.
Scommettere, parier, *scommisi*, *scommesso*.
Sconfiggere, mettre en déroute, *sconfissi*, *sconfitto*.
Sconvolgere, bouleverser, *sconvolsi*, *sconvolto*.
Scorgere, apercevoir, *scorsi*, *scorto*.
Scorrere, parcourir, *scorsi*, *scorso*.
Scrivere, écrire, *scrissi*, *scritto*.
Scuotere, secouer, *scossi*, *scosso*.
Smungere, dessécher, v. *mungere*.
Smuovere, remuer, v. *muovere*.

Socchiudere, fermer à moitié, v. *chiudere*.
Soccorrere, secourir, v. *correre*.
Soggiugnere, ajouter, v. *giugnere*.
Sommergere, submerger, v. *immergere*.
Sommettere, soumettre, v. *mettere*.
Sopragiungere, survenir, v. *giungere*.
Soprascrivere, écrire au-dessus, v. *scrivere*.
Sopravivere, survivre, v. *vivere*.
Sopprimere, supprimer, v. *opprimere*.
Soprintendere, avoir la surintendance, v. *intendere*.
Sorgere, se lever, *sorsi*, *sorto*.
Sorprendere, surprendre, v. *prendere*.
Sorridere, sourire, v. *ridere*.
Soscrivere, souscrire, v. *scrivere*.
Sospendere, suspendre, *sospesi*, *sospeso*.
Sospingere, pousser, *sospinsi*, *sospinto*.
Sottintendere, sous-entendre, v. *tendere*.
Sottomettere, soumettre, v. *mettere*.
Sottoscrivere, souscrire, v. *scrivere*.
Sovraggiungere, survenir, v. *giungere*.
Spargere, répandre, *sparsi*, *sparso*.
Spegnere, éteindre, *spensi*, *spento*.
Spendere, dépenser, *spesi*, *speso*.
Sperdere, disperser, v. *dispergere*.
Spingere, pousser, *spinsi*, *spinto*.
Sporgere, saillir en dehors, v. *porgere*.
Stendere, étendre, v. *tendere*.
Stravolgere, renverser. v. *volgere*.
Stringere, serrer, *strinsi*, *stretto*.
Struggere, liquéfier, détruire, *strussi*, *strutto*.
Subdividere, subdiviser, v. *dividere*.

Svellere, arracher, *svelsi, svelto*.
Svolgere, développer, v. *volgere*.
Sussistere, subsister, prét. régulier, *sussistite*.
Tendere, tendre, *tesi, teso*.
Tergere, essuyer, *tersi, terso*.
Tingere, teindre, *tinsi, tinto*.
Torcere, tordre, *torsi, torto*.
Trafiggere, percer, *trafissi, trafitto*.
Tramettere, entremettre, v. *mettere*.
Trascendere, surpasser, exceller, v. *scendere*.
Trascorrere, outrepasser, v. *correre*.
Trasfondere, tranfuser, v. *fondere*.
Trasmettere, transmettre, v. *mettere*.
Trascrivere, transcrire, v. *scrivere*.
Travolgere, déranger, v. *volgere*.
Uccidere, tuer, *uccisi, ucciso*.
Vilipendere, vilipender, *vilipesi, vilipeso*.
Vincere, vaincre, *vinsi, vinto*.
Vivere, vivre, *vissi, vivrò, vivrei, vissuto*.
Ungere, oindre, *unsi, unto*.
Volgere, tourner, *volsi, volto*.

Quant aux verbes irréguliers de la seconde classe, comme leur irrégularité n'affecte pas également
les temps et les personnes de chacun de ces verbes, on conjuguera dans la note suivante les temps
irréguliers de chacun d'eux, en faisant observer que
tous les verbes dérivés ou composés doivent être
conjugués comme le verbe principal.

BEVERE ou BERE, BOIRE. Ce verbe peut être con-
juguế comme tous les verbes réguliers : *bevo,*

beveva, *bevei*, *beverò*, etc. ; mais par contraction il a aussi les manières suivantes : 1.º à l'indicatif *beo*, *bei*, *bee*, *beviamo*, *beete*, *beono* ; 2.º au prétérit, *bevvi*, *bevve*, *bevemmo*, *bevvero* ; 3.º aux futurs, *berò*, *berai*, etc. , *berei*, *beresti*, etc. ; 4.º à l'impératif, *bei*, *bea*, *beviamo*, *beete*, *beano* ; 5.º au subjonctif, *bea*, *bea*, *bea*, *beviamo*, *beviate*, *beano* ; 6.º *che beessi*, *beessi*, *beesse*, *beessimo*, *beeste*, *beessero*.

Ces manières cependant ne sont pas trop usitées dans la langue parlée.

CADERE, TOMBER. Ce verbe aussi peut être conjugué régulièrement, excepté le prétérit ; mais dans la poésie, on dit aussi : *caggio*, *caggi*, *cagge*, *caggiamo*, *cadete*, *caggiono*, pour *cado*, *cadi*, etc. ; *cadèo* pour *cadde* ; *cadèro* pour *caddero* ; *caggia* pour *cada* ; *caggendo* pour *cadendo* ; *cadrò*, *cadrai*, etc. pour *caderò*, *caderai*, etc. ; *cadrei*, *cadresti*, etc. pour *caderei*, *caderesti*, etc.

Accadere, arriver ; *decadere*, décheoir ; *ricadere*, retomber, suivent les mêmes variations.

CONDURRE, CONDUIRE. *Conducendo*, conduisant ; *condotto*, conduit ; *conduco*, *conduci*, *conduce*, *conduciamo*, *conducete*, *conducono*, je conduis, etc. ; *conduceva*, etc., je conduisais, etc ; *condussi*, *conducesti*, *condusse*, etc., je conduisis, etc. ; *condurrò*, *condurrai*, etc., je condúirai, etc.; *condurrei*, *condurresti*, etc., je conduirais, etc.; *conduci*, *conducà*; *conduciamo*, *conducete*, *conducano*; che conduca, che conduca, che cunduca; che conduciamo, conduciate, conducano; che conducessi, etc. : *condutto* pour *condotto*; et *conducèi*, *conducè*, *conducerono*, pour *condussi*, *condusse*, *condussero*, appartiennent à la poésie.

Addurre, alléguer; *dedurre*, déduire; *indurre*, induire; *introdurre*, introduire; *produrre*, produire; *ricondurre*, ramener; *ridurre*, réduire; *riprodurre*, reproduire; *sedurre*, seduire; *tradurre*, traduire suivent les mêmes variations.

DOLERE, SE PLAINDRE; et CONDOLERSI, REGRETTER. *Dolendo*, *doluto*; *dolgo* ou *doglio*, *duoli*, *duole*; *dogliamo*, *dolete*; *dolgono* ou *dogliono*, je plains, etc.; *doleva*, je plaignais, etc. ; *dolsi*, *dolesti*, *dolse*, *dolemmo*, je plaignis, etc.; *dorrò*, *dorrai*, etc., je plaindrai, etc. ; *dorrei*, *dorresti*, etc., je plaindrais, etc.; *duoli*, *dolga* ou *doglia*, *dogliamo*, *dolete*, *dolgano* ou *dogliano*, plains-toi, etc.; che *dolga* ou *doglia*, etc.; che *dogliamo*; *degliate*, *dolgano* ou *dogliano*, que je plaigne, etc. ; che *dolessi*, etc., que je plaignisse, etc. *Dorria* pour *dorrei* est poétique.

N. B. Ce verbe en italien réfléchit l'action, et l'attribue à la personne. *La tua disgrazia mi duole. Mi dolgo de' miei peccati.*

DOVERE, DEVOIR. *Dovendo, dovuto :* je dois*, devo, debbo* ou *deggio;* tu dois*, devi, debbi* ou *dei;* il doit*, deve, debbe* ou *dee; dobbiamo, dovete ;* ils doivent*, debbono* ou *devono, deggiono, deono, denno;* je devais, etc.*, doveva* ou *dovea, dovevi,* etc.; je dus, etc.*, dovetti* ou *dovei,* etc.; je devrai, etc.*, dovrò,* etc.; je devrais, etc.*, dovrei,* etc.; que je doive*, che debba, debba, debba; dobbiamo, dobbiate, debbano;* que je dusse, etc.*, che dovessi,* etc.

Dovrìa pour *dovrei; deggia* pour *debba* sont poétiques.

PARERE, PARAÎTRE. *Pajo, pari, pare, pariamo,* et *pajamo, parete, pajono;* je paraissais, etc.*, pareva* ou *parea, parevi,* etc.; je parus, etc.*, parvi, paresti, parve,* etc.; je paraîtrai, etc.*, parrò, parrai,* etc.; je paraîtrais, etc.*, parrei, parresti,* etc.; parais, etc.. *pari, paja, pajamo, parete, pajano;* que je paraisse, etc.*, che paja, che paja* ou *paii, che paja, pajamo, pajate, pajano;* que je parusse, etc.*, che paressi,* etc.; paru*, paruto,* et plus communément *parso.*

Paréno pour *parevano; parsi* et *parse* pour *parvi* et *parve; parrìa* pour *parrei* et *parrebbe; parrìano* pour *parrebbero,* sont poétiques.

PIACERE, PLAIRE. *Piacendo,* plaisant; *piaciuto,* plu; je plais, etc.*, piaccio, piaci, piace, piacciamo, piacete, piacciono;* je plaisais, etc.*, piaceva* ou *piacea, piacevi,* etc.; je plus, etc., *piacqui, piacesti, piacque*, etc.; je plairai, etc., *piacerò*, etc.; je plairais, etc., *piacerei*, etc.; plais, etc., *piaci, piaccia, piacciamo, piacete, piacciano*; que je plaise, etc., *che piaccia, che piaccia* ou *piacci, che piaccia, che piacciamo, piacciate, piacciano*; que je plusse, etc., *che piacessi*, etc.

On conjuguera de même *compiacere*, complaire; *dispiacere, spiacere*, déplaire; *giacere*, être couché; *soggiacere*, être sujet; *tacere*, se taire; mais les trois derniers ne redoublent jamais la lettre *c*.

PORRE, METTRE. Mettant, *ponendo*; mis, *posto*; je mets, etc., *pongo, poni, pone, poniamo* ou *pognamo, ponete, pongono*; je mettais, etc., *poneva*, etc; je mis, *posi, ponesti, pose*, etc.; je mettrai, *porrò*, etc.; je mettrais, etc., *porrei*, etc.; mets, etc., *poni, ponga, poniamo, ponete, pongano*; que je mette, etc., *che ponga, che ponga* ou *ponghi, che ponga, che poniamo, poniate* ou *pognate, pongano*; que je misse, etc., *che ponessi*, etc.

Pono pour *pongo*; *pogna* pour *ponga*; *pogni* pour *ponghi*; *et posito* pour *posto*, appartiennent à la poésie.

Les verbes suivans se conjuguent comme *porre* :

Anteporre, préférer.	*Contraporre*, opposer.
Apporre, apposer.	*Deporre*, déposer.
Comporre, composer.	*Disporre*, disposer.

Esporre, exposer.
Frapporre, entremet-
tre.
Imporre, imposer.
Interporre, interposer.
Opporre, opposer.
Posporre, mettre après.
Preporre, préférer.
Proporre, proposer.
Ricomporre, recomposer.
Riporre, replacer.
Scomporre, décomposer.
Sopraporre, mettre des-
sus.
Sottoporre, soumettre.
Supporre, supposer.
Trasporre, transposer.

POTERE, POUVOIR. Pouvant, *potendo;* pu, *potu-
to;* je peux, etc., *posso, puoi* ou *puo', può,
possiamo, potete, possono;* je pouvais, etc. ,
poteva, etc.; je pus , etc., *potei* ou *potetti,*
etc. ; je pourrai , etc., *potrò,* etc. ; je pour-
rais, etc., *potrei,* etc.; que je puisse, etc. ,
che possa, che possa ou *possi, che possa, possiamo, possiate, possano ;* que je pusse, etc.,
che potessi, etc.

Puote pour *può; potemo* pour *possiamo;
ponno* ou *pon* pour *possono; potei* pour *potevi;
potièno* pour *potevano; potèo* pour *potè; po-
tero* pour *poterono; porò, porai,* etc. pour
potrò, potrai, etc., *porìa* pour *potrei; po-
tria* pour *potrebbe; poreste* pour *potreste;
porìano* ou *potriano* pour *potrebbero,* appartiennent à la poésie.

Potiamo, au lieu de *possiamo,* est regardé,
malgré quelques exemples, comme une faute.

RIMANERE, RESTER. *Rimanendo,* restant; *rimasto,*
resté; je reste, etc., *rimango, rimani, rimá-*

*ne, rimaniamo, rimanete, rimangono; je res-
tais, etc., rimaneva, etc; je restai, etc., ri-
masi, rimanesti, rimase, etc.; je resterai,
rimarrò, etc.; je resterais, etc., rimarrei,
etc.; reste, etc., rimani, rimanga, rimaniamo,
rimanete, rimangano; que je reste, etc., che
rimanga, che rimanga* ou *rimanghi, che rimanga, rimaniamo, rimaniate, rimangano;
que je restasse, etc., che rimanessi, etc.*

Rimarrìa pour *rimarrei; rimagna* pour *rimanga*, sont poétiques. Au lieu de *rimasto*, on
peut dire aussi *rimaso*; mais le premier est
préférable.

SAPERE, SAVOIR. *Sapendo*, sachant; *saputo*, su;
je sais, etc., *so, sai, sa, sappiamo, sapete,
sanno;* je savais, etc., *sapeva*, etc.; je sus,
etc., *seppi, sapesti, seppe*, etc.; je saurai, etc.;
saprò, etc.; je saurais, etc., *saprei*, etc.,
sache, etc., *sappi, sappia, sappiamo, sappiate, sappiano;* que je sache, etc., *che sap-
pia, che sappia* ou *sappi, che sappia, sappiamo, sappiate, sappiano;* que je susse, etc.,
che sapessi, etc.

Sape pour *sa; sapemo* pour *sappiamo; sac-
cia* pour *sappia; saprìa* pour *saprei; sapa-
vamo* pour *sapevamo*, sont poétiques ou
anciens.

Sapiendo a été employé pour *sapendo*.

SCIOGLIERE ou SCIORRE, DÉLIER. *Sciogliendo*,
déliant; *sciolto*, délié; je délie, etc., *sciolgo*

ou *scioglio, sciogli, scioglie, sciogliamo, sciogliète, sciolgono* ou *sciogliono ;* je déliais, etc., *scioglieva,* etc. ; je déliai, etc., *sciolsi, sciögliesti, sciolse,* etc., je délierai, etc., *sciorrò,* etc. ; je délierais, etc., *sciorrei,* etc. ; délie, etc., *sciogli, sciolga* ou *scioglia, sciogliamo, sciogliete, sciolgano* ou *sciogliano ;* que je délie, etc., *che sciolga* ou *scioglia, che sciolga* ou *sciolghi* ou *scioglia, che sciolga* ou *scioglia, che sciogliamo, che sciogliate, sciolgano,* ou *sciogliano ;* que je déliasse, etc., *che sciogliessi.* **On** dit aussi *scioglierò,* etc.

Sciolghiamo pour *sciogliamo,* ainsi que dans le verbe *togliere,* et ses composés *toi* pour *togli; tolghiamo* et *tolghiate* pour *togliamo* et *togliate,* sont des idiotismes populaires.

Cogliere ou *corre,* cueillir; *disciogliere* ou *disciorre,* délier; *prescegliere, prosciogliere; raccogliere : ritogliere* ou *ritorre,* reprendre ; *scegliere,* choisir; *togliere* ou *torre,* ôter ; *trascegliere,* se conjuguent de même.

SEDERE, S'ASSEOIR. *sedendo,* s'asseyant; *seduto,* assis ; je m'assieds, etc., *siedo* ou *seggo, siedi, siede, sediamo, sedete. siedono* ou *seggono ;* je m'asseyais, etc., *sedeva,* etc. ; je m'assis, etc., *sedei* ou *sedetti,* etc., je m'assierai, etc., *sederò,* etc., je m'assierais, etc., *sederei,* etc.; assieds-toi, *siedi, sieda* ou *segga, sediamo* ou *seggiamo, sedete, siedano* ou *seg-*

gano; que je m'asseye, etc., *che sieda* ou *segga, che sieda* ou *segga*, *siedi* ou *segghi, che sieda* ou *segga, sediamo* ou *seggiamo, sediate* ou *seggiate, siedano* ou *seggano;* que je m'assisse, etc., *che sedessi*, etc.

Seggio pour *siedo; siè* pour *siede; seggiono* pour *siedono; sedìe* pour *sedeva; sediero* pour *sederono; sedrò* pour *sederò; sederìa* pour *sederei; seggia* pour *sieda; seggendo* pour *sedendo*, appartiennent à la poésie.

Possedere, posséder; *presedere*, présider, *risedere*, résider; *soprasedere*, sursoir, se conjuguent de même, mais avec la première des voix marquées, comme *soprasiedo, risiedono*.

TENERE, TENIR. *Tenendo*, tenant; *tenuto*, tenu; je tiens, etc., *tengo, tieni, tiene, teniamo* ou *tegnamo, tenete, tengono;* je tenais, etc., *teneva*, etc,; je tins, etc., *tenni, tenesti*, etc., je tiendrai, etc., *terrò*, etc.; je tiendrais, etc., *terrei*, etc.; tiens, etc., *tieni, tenga, teniamo* ou *tegnamo, tenete, tengano;* que je tienne, etc., *che tenga, che tenga* ou *tenghi, che tenga, teniamo* ou *tegnamo, teniate* ou *tegnate, tengano;* que je tinsse, etc., *che tenessi*, etc.

Tegni pour *tieni; tene* pour *tiene; tenieno* pour *tenevano; tegna* pour *tenga; terrìa* pour *terrei*, sont poétiques.

Tegno, tegnono, tenieno, tegna, tegnano, terrebbono, tegnendo, ne sont pas dans la lan-

:gue parlée. Dans le discours on se sert des idiotismes *tenghiamo* pour *teniamo* ; *tenghiate* pour *teniate*.

Astenersi, s'abstenir; *contenere*, contenir; *detenere*, détenir; *intertenere*, entretenir; *mantenere*, maintenir; *ottenere*, obtenir; *ritenere*, retenir; *sostenere*, soutenir; *trattenere*, entretenir, se conjuguent de même.

TRARRE, TIRER. *Traendo*, tirant; *tratto*, tiré; je tire, etc., *traggo*, *trai*, *trae*, *trojamo* ou *traggiamo*, *traete*, *traggono*; je tirais, etc., *traeva*, etc.; je tirai, etc., *trassi*, *traesti*, *trasse*, etc.; je tirerai, etc., *trarrò*, etc.; je tirerais, etc.; *trarrei*, etc.; tire, etc., *trai*, *tragga*, *trajamo* ou *tragghiamo*, *traete*, *traggano*; que je tire, etc., *che tragga*, *che tragga* ou *tragghi*, *che tragga*, *trajamo* ou *traggiamo*, *trajate* ou *traggiate*, *traggano*; que je tirasse, etc., *che traessi*, etc.

Tragghiamo, *tragghiate*, etc., pour *trajamo*, *trajate*, etc., sont du style populaire.

Traggi, *tragge* pour *trai*, *trae*; *tranno* pour *traggono*; *traè* pour *traeva*, troisième personne; *traèno* pour *traevano*; *trarrìa* pour *trarrei*, sont poétiques.

Astrarre; *contrarre*, contracter; *detrarre*; *distrarre*, distraire; *estrarre*, extraire; *protrarre*, différer; *ritrarre*; *sottrarre*, soustraire, se conjuguent de même.

VALERE, VALOIR. *Valendo*, valant; *valuto*, valu : je vaux, etc., *valgo* ou *vaglio*, *vali*, *vale*, *valiamo*, *valete*, *valgono* ou *vagliono*; je valais, etc., *valeva*, etc.; je valus, etc., *valsi*, *valesti*, *valse*, etc.; je vaudrai, etc., *varrò*, etc.; je vaudrais, etc., *varrei*, etc.; *vaille*, etc., *vali*, *valga* ou *vaglia*, *valiamo*, *valete*, *valgano* ou *vagliano*; que je vaille, etc., *che valga* ou *vaglia*, *che valga* ou *valghi* ou *vaglia*, *che valga* ou *vaglia*, *valiamo*, *valiate*, *valgano* ou *vagliano*; que je valusse, etc., *che valessi*, etc.

Varria pour *varrei* est poétique.

Valemo pour *valiamo*; *valsono* pour *valsero*; *valerò* pour *varrò*; *valerei* pour *varrei*; *vagliendo* pour *valendo*, sont anciens.

Equivalere, équivaloir; *prevalere*, se prévaloir, se conjuguent de même.

VEDERE, VOIR. *Vedendo*, voyant; *veduto* ou *visto*, vu; je vois, etc., *vedo* ou *veggo*, *vedi*, *vede*, *vediamo* ou *veggiamo*, *vedete*, *vedono* ou *veggono* ou *veggiono*; je voyais, etc., *vedeva*, etc.; je vis, etc., *vidi*, *vedesti*, etc.; je verrai, etc., *vedrò*, *vedrai*, etc.; je verrais, etc., *vedrei*, etc.; vois, *vedi*, *veda* ou *vegga* ou *veggia*, *vediamo* ou *veggiamo*, *vedete*, *vedano* ou *veggano* ou *veggiano*; que je voie, etc., *che veda* ou *vegga* ou *veggia*, *che vedi* ou *vegghi*, *che veda* ou *veggia*, *vediamo* ou *veggiamo*, *vediate* ou *veggiate*, *ve-*

dano ou *veggano* ou *veggiano*; que je visse , etc., *che vedessi*, etc.

Visto pour *veduto*; *ve'* ou *vei* pour *vedi*; *ve'* pour *vede*; *vedite* pour *vedete*; *vedìa* pour *vedeva*; *vi* pour *vidi*; *vedrìa* pour *vedrei* ou *vedrebbe*, appartiennent à la poésie.

Vedemo pour *vediamo*; *vedie* pour *vedeva*; *vedièno* pour *vedevano*; *vidono* pour *videro*; *vederò* et *vederei* pour *vedrò* et *vedrei*; *vederebbeno* et *vederebbono* et *vedrièno* pour *vedrebbero*; *veggere* pour *vedere*; et *veggiendo* pour *vedendo*, sont anciens.

Antivedere; *prevedere*, prévoir; *rivedere*, revoir; *provedere*, pourvoir; *ravvedersi*; *sprovvedere*; *travedere*, voir à travers, se conjuguent comme *vedere*.

VOLERE, VOULOIR. *Volendo*, voulant; *voluto*, voulu; je veux, etc., *voglio* ou *vo'*, *vuoi*, *vuole* ou *vuo'*, *vogliamo*, *volete*, *vogliono*; je voulais, etc., *voleva*, etc.; je voulus, etc., *volli*, *volesti*, *volle*, etc.; je voudrai, etc., *vorrò*, etc.; je voudrais, etc., *vorrei*, etc.; que je veuille, etc., *che voglia*, *che voglia* ou *vogli*, *che voglia*, *che vogliamo*, *vogliate*, *vogliano*; que je voulusse, etc., *che volessi*, etc.

Vuoli pour *vuoi*; *vole* pour *vuole*; *volemo* pour *vogliamo*; *volei* pour *volevi*; *volsi* et *volse* pour *volli* et *volle*; *vorrìa* pour *vorrei*; *velle* pour *volere*, sont poétiques.

Vollono, *volleno*, *volloro*, *volsero*, pour

volléro ; *vorrebbono* et *vorrieno* pour *vorreb-bero* ; *vogliendo* pour *volendo*, sont anciens.

Volsuto pour *voluto*, n'est guère usité malgré les exemples qu'on en trouve.

DES VERBES IRRÉGULIERS DE LA TROISIÈME CONJUGAISON.

On compte environ quatre cents verbes de la troisième conjugaison dont l'infinitif *ire* change en *isco* à l'indicatif, comme on a montré à la table générale des conjugaisons ; ainsi, hors des verbes indiqués à la même table, et des verbes *coprire*, couvrir ; *ricoprire*, recouvrir ; *scoprire*, découvrir, dont la seule irrégularité est le participe passé *coperto*, tous les autres se conjuguent en *isco*, etc., comme à la lettre A. de la table, exceptés les suivans.

APPARIRE, PARAÎTRE. Je parais, etc., *apparisco* ou *appajo*, *apparisci*, *appare* ou *apparisce*, *appariamo*, *apparite*, *appariscono* ou *appajono* ; je parus, etc., *apparii* ou *apparvi*, *apparisti*, *apparì* ou *apparve*, etc. ; qu'il paraisse, etc., *che apparisca* ou *appaja*, etc., *che appariscano* ou *appajano*, etc. ; paru, *apparito*.

Comparire, comparaître ; *sparire*, disparaître ; *transparire*, être transparent, se conjuguent de même.

CUCIRE, COUDRE. *Cucendo*, cousant ; *cucito*, cousu ; je couds, etc., *cucio*, *cuci*, *cuce*, *cuciamo*, *cucite*, *cuciono* ; couds, etc., *cuci*, *cucia*, *cu-*

ciamo, *cucite*, *cuciano ;* que je couse, etc.,
che cucia, *che cucia* ou *cuchi*, *che cucia*,
cuciamo, *cuciate*, *cuciano.* Les autres temps
n'offrent aucune difficulté.

DIRE, DIRE. *Dicendo*, disant; *detto*, dit; je dis,
dico, *dici*, *dice*, *diciamo*, *dite*, *dicono ;* je di-
sais, etc., *diceva*, etc.; je dis, etc., *dissi*, *di-
cesti*, *disse*, *dicemmo*, *diceste*, *dissero:* je di-
rai, etc., *dirò*, etc.; je dirais, etc., *direi*,
etc.; dis, etc., *dì*, *dica*, *diciamo*, *dite*, *dicano ;* que je dise, etc, *che dica*, *dica*, *dica*,
diciamo, *diciate*, *dicano ;* que je disse, etc.,
che dicessi, etc.

Ditto pour *detto ; dicea* pour *diceva ; di-
rìa* pour *direi*, sont poétiques. *Dicere* pour
dire, est ancien.

Benedire, *contradire*, *disdire*, *maledire*,
predire, *ridire*, se conjuguent de même.

EMPIRE, REMPLIR. *Empiendo*, remplissant, *em-
piuto* ou *empito*, rempli; je remplis, etc.,
empio, *empi*, *empie*, *empiamo*, *empite*, *em-
piono ;* remplis, etc., *empi*, *empia*, *empiamo*,
empite, *empiano ;* que je remplisse, etc.,
che empia, *che empia* ou *empi*, *che empia*,
empiamo, *empiate*, *empiano.* Le reste est
régulier.

MORIRE, MOURIR. *Morendo*, mourant; *morto*,
mort; je meurs, etc., *muoio*, *muori*, *muore*,
muoiamo ou *moiamo* ou *moriamo*, *morite*,

muojono ; morirò, morirai, etc., ou *morrò, morrai*, etc.; *morrei, morresti*, etc.; meurs, etc., *muori, muoja, muoiamo* ou *mojamo, morite, muoiano* ; que je meure, etc., *che muoia, che muoia* ou *muoi, che muoia, muoiamo* ou *moriamo* ou *moiamo, muoiate* ou *moiate, muoiano.*

Moro, mori, more, morono pour *muojono*, etc., sont poétiques, ainsi que *morìa* pour *moriva; moriano* pour *morivano; morìo* pour *morì; mora* et *moia* pour *muoia.*

Moriano pour *morivano* est ancien.

SALIRE, MONTER. *Salendo*, montant; *salito*, monté; je monte, etc, *salgo, sali, sale, sagliamo, salite, salgono;* monte, etc., *sali, salga, sagliamo, salite, salgano;* que je monte, etc., *che salga, che salga,* ou *salghi, che salga, sagliamo, sagliate, salgano.*

Salìa pour *saliva; saliano* pour *salivano, salsi* pour *salii; salse, sallo, saline,* pour *salì; salsero* pour *salirono; sarrò* pour *salirò, sarrìa; salirìa* pour *salirei* et *salirebbe; saglia* pour *salga,* sont poétiques.

Saglio, sagli, saglie, sagliono, saglia, sagliano, sagliendo, quoique moins usités, sont aussi correctes que leurs correspondans *salgo, sali,* etc.

Assalire, assaillir; *risalire,* remonter, se conjuguent de même.

SEGUIRE, SUIVRE. Ce verbe est pleinement régulier, mais il peut être aussi conjugué à l'indicatif, impératif et subjonctif, de la manière suivante :

Je suis, etc. , *sieguo, siegui, siegue, seguiamo, seguite, sieguono;* suis, etc., *siegui, siegua, seguiamo, seguite, sieguano;* que je suive, etc., *che siegua, che siegua* ou *segui, che siegua, seguiamo, seguiate , seguano.*

Conseguire, obtenir; *inseguire,* poursuivre; *proseguire,* continuer , se conjuguent de même.

Udire, entendre. *Udendo,* entendant; *udito ,* entendu; j'entends, etc. , *odo, odi, ode, udiamo, udite, odono;* j'entendais, etc., *udiva,* etc. ; j'entendis, etc., *udii,* etc.; j'entendrai, etc. , *udirò,* etc. ; j'entendrais, etc., *udirei ,* etc.; entends, etc., *odi , oda, udiamo, udite, odano;* que j'entende, etc., *che oda, che oda* ou *odi, che oda, udiamo, udiate, odano;* que j'entendisse, etc., *che udissi,* etc.

Udìa pour *udiva; udiè* pour *udiva,* 3.e personne; *udiano* pour *udivano; udìo* pour *udì; udrò, udrai,* etc., pour *udirò, udirai,* etc.; *udrei* pour *udirei,* sont poétiques.

Udieno pour *udivano; udirìa* pour *udirei; audire* ou *odire* pour *udire; audito* pour *udito,* sont anciens.

Il est important de remarquer que l'*u* se change en *o* dans toutes les personnes de ce verbe qui ont l'accent tonique sur la première voyelle.

VENIRE, VENIR, *Venendo*, venant; *venuto*, venu;
je viens, etc., *vengo, vieni, viene, veniamo,
venite, vengono*; je venais, etc., *veniva*,
etc.; je vins, etc., *venni, venisti, venne*, etc.;
je viendrai, etc., *verrò*, etc.; je viendrais,
etc., *verrei*, etc.; viens, etc., *vieni, venga,
veniamo* ou *vegnamo, venite, vengano* ou
vegnano; que je vienne, etc., *che venga, che
venga* ou *venghi, che venga, che veniamo* ou
vegnamo, veniate ou *vegnate, vengano*; que
je vinsse, etc., *che venissi*, etc.

Vegno pour *vengo*; *vene* pour *viene*; *ve-
gnono* pour *vengono*; *venia* pour *veniva*; *ve-
niene* ou *veniano*, pour *venivano*; *venetti* pour
venni; *vegna* pour *venga*, *venessi* pour *venissi*; *verrìa* pour *verrei*; *che vegne* pour *venga*, sont poétiques.

Vennono pour *vennero*; *vegnendo* pour *venendo*, sont anciens.

*Avvenire, convenire, circonvenire, dive-
nire*, devenir; *intervenire, prevenire, sopra-
venire*, se conjuguent de même.

USCIRE, SORTIR. *Uscendo*, sortant; *uscito*, sorti;
je sors, etc., *esco, esci, esce, usciamo, uscite, escono*; je sortais, etc., *usciva*, etc.; je
sortis, etc., *uscii*, etc.; je sortirai, etc.,
uscirò, etc.; je sortirais, etc., *uscirei*, etc.;
sors, etc., *esci, esca, usciamo, uscite, escano*; que je sorte, etc., *che esca, che esca* ou
eschi, che esca, usciamo, usciate, escano;
que je sortisse, etc., *che uscissi*, etc.

Uscìa pour *usciva*; *uscìo* pour *uscì*; *uscirìa* pour *uscirei*, sont poétiques.

Toutes les fois que l'accent tonique se trouve sur la première voyelle, on change l'*u* en *e*.

Riuscire, réussir, se conjugue de même.

‹‹

DES VERBES DÉFECTUEUX.

CALERE, SE SOUCIER. *Caluto*, soucié; *mi cale*, je me soucie; *ti cale*, tu te soucies, etc.; *mi caleva*, je me souciais, etc.; *mi calse*, je me souciai, etc.

GIRE, ALLER. *Gito*, allé; *gite*, vous allez; j'allais, etc., *giva* ou *gìa*, *givi*, *giva* ou *gìa*, *givamo*, *givate*, *givano* ou *giano*; tu allas, *gisti*; il alla, etc., *gì* ou *gìo*, *gimmo*, *giste*, *girono*; j'irai, *girò*; il ira, etc., *girà*, *giremo*, *girete*, *giranno*; j'irais, etc., *girei*, *giresti*, *girebbe*, *giremmo*, *gireste*, *girebbero*; allez, *gite*; que j'allasse, etc., *che gissi*, *gissi*, *gisse*, *gissimo*, *giste*, *gissero*.

IRE, ALLER. *Ito*, allé; *ite*, vous allez; *iva*, il allait; *ivano*, ils allaient; nous irons, etc., *iremo*, *irete*, *iranno*; *ite*, allez.

OLIRE, SENTIR. *Oliva*, *olivi*, *oliva*, *olivano*, je sentais, etc.

RIEDERE, RETOURNER. *Riedi*, tu retournes; *riede*, il retourne; *riedano*, qu'ils retournent.

SOLERE, AVOIR COUTUME. Ce verbe signifie *esser solito ; aver per costume.*

Solendo, ayant coutume; *solito*, accoutumé; j'ai coutume, etc., *soglio*, *suoli* ou *suo'*, *suole*, *sogliamo*, *solete*, *sogliono;* j'avais coutume, etc., *soleva*, etc.; j'eus coutume, etc., *fui solito*, etc.; que j'aie coutume, etc., *che soglia*, *che soglia* ou *sogli*, *che soglia*, *sogliamo*, *sogliate*, *sogliano;* que j'eusse coutume, etc., *che solessi*, etc.

Remarquez que dans les verbes *cuocere*, *morire*, *scuotere*, *muovere*, et autres semblables, où l'on trouve la diphtongue *uo*, cette diphtongue doit se mettre : 1.° quand le verbe n'a que deux syllabes, pourvu qu'il n'y ait pas une double consonne entre les deux; on écrira donc : *cuoci*, *muove*, etc.; *cossi*, *mosse*, etc.; 2.° quand le verbe ayant trois syllabes, l'accent se trouve sur la première, comme *muòvono*, *muòjono*, *cuòciono*, etc.; mais si l'accent est ailleurs, l'*uo* est remplacé par *o : moriva*, *cocerò*, *moverebbe*, etc.

~~~~~~

DES ADJECTIFS.

L'ADJECTIF est un mot qui attache au nom substantif une qualification, c'est-à-dire, qui exprime
la qualité ou la propriété de l'objet qu'on vient
de nommer. L'homme est raisonnable, *l'uomo è
ragionevole;* la neige est blanche, *la neve è bianca,* etc.

On a déja vu que les adjectifs se joignant au
verbe *être*, forment avec lui toutes sortes de verbes composés. Le soleil est échauffant; le soleil
échauffe; *il sole è riscaldante, il sole riscalda.*

Les adjectifs doivent suivre en italien toutes les
variations du genre et du nombre des noms qu'ils
qualifient pour indiquer la liaison et la con-
nexion de la qualité avec la substance qu'elle
modifie.

Tous ces adjectifs sont terminés par *o* ou par *e.*

Les premiers sont destinés à qualifier les noms
masculins, à cause de leur désinence analogue à
ce genre : *pensiero amoroso,* pensée amoureuse.
En changeant l'*o* en *a*, ils prennent une désinence
propre à qualifier les noms du genre féminin :
fiamma amorosa, flamme amoureuse. Quant au
pluriel, d'après les règles données, l'*o* se change
en *i: pensieri amorosi,* et l'*a* se change en *e :
fiamme amorose.* La désinence des adjectifs terminés en *e,* étant analogue aux deux genres, il s'en-
~~~~~~

suit que ces derniers peuvent qualifier également
les noms masculins et les noms féminins : *viso ridente*, visage riant ; *bocca ridente*, bouche riante.
Changeant l'*e* en *i*, il sert de même aux deux genres pour le pluriel : *visi ridenti*, *bocche ridenti.*

Dans les phrases : *tant de, trop de, beaucoup de,
peu de*, et semblables, que les grammairiens appellent improprement *adverbes de quantité*, et
qui sont de véritables noms, puisqu'ils désignent
une portion indéterminée d'un tout que l'on pourrait encore subdiviser en de plus petites parties,
les mots : *tant, trop, beaucoup, peu*, etc., sont
employés ordinairement dans notre langue comme
adjectifs. En conséquence, la préposition *de*, nécessaire pour marquer le terme d'extraction, ne
peut avoir lieu en italien ; et les mots *tanto, troppo, molto, poco*, doivent prendre la terminaison
qui convient au genre et au nombre des noms
qu'ils qualifient, exceptés ces trois : *più, meno,
assai*, qui sont invariables. *Molto freddo*, beaucoup de froid ; *tante nazioni*, tant de nations,
troppa paura, trop de crainte ; *pochi compagni*, peu
de compagnons, etc.

L'expression *un poco*, un peu, étant équivalente
à *una picciola porzione*, une petite portion, exige,
pour être qualifiée, que le nom qualifiant soit précédé de la préposition *di : un poco d'arte*, un peu
d'art ; *un poco di fuoco*, un peu de feu.

Ces mots, cependant, qui sont employés comme
qualificatifs lorsqu'ils précèdent immédiatement
un substantif, sont aussi employés comme des

adverbes lorsqu'ils modifient : 1.° un verbe; 2.° un autre adjectif; 3.° un autre adverbe; comme *egli parla poco*, il parle peu; *egli è poco prudente*, il est peu prudent; *egli parla poco prudentemente*, il parle peu prudemment. Dans le premier de ces exemples, le mot *poco* modifie le verbe *parla ;* dans le second, il modifie l'adjectif *prudente ;* dans le troisième enfin, il modifie l'adverbe *prudentemente.*

Dans ces cas il doit être invariable.

Tanto et *cotanto* signifient quelquefois *sì grande,* si grand; mais il importe de savoir, que toutes les fois que ces mots ont un tel sens, les phrases où ils se trouvent sont elliptiques, et que l'ellipse supprime une proposition corrélative tout entière. Dante dit : «*Lassando l'atto di cotanto uffizio,* » laissant l'acte d'un si grand office. La proposition corrélative sous-entendue est : « *quanto è l'uffizio di giudicare.*

Quelle grazie rendute al re, che a tanto dono si confacevano, ayant rendu au roi les grâces qui convenaient à un si grand don. La proposition corrélative supprimée par ellipse est : *quanto era il dono fattogli.* Le Tasse dit aussi : « *E nulla a tanto intercessor si neghi.* » C. II, 52.

Les expressions *il più, i più, le più,* signifient le plus grand nombre. *I più senz' alcuna febbre, o altro accidente morivano,* le plus grand nombre mouraient sans aucune fièvre, ni autre accident.

Les adjectifs, hors un très petit nombre, n'ont point de place fixe dans la langue italienne. L'harmonie et le sentiment ont seuls le droit de déterminer si l'adjectif doit précéder ou suivre le nom qu'il qualifie. Le choix de l'adjectif que l'on doit employer dans telles circonstances où plusieurs synonymes paraissent devoir exprimer à peu près la même idée, offre en italien beaucoup plus de difficultés qu'en français. Par exemple, le mot *accorto* exprime l'attention de l'esprit à faire ce que l'on doit; *prudente*, prudent, exprime la retenue et la réserve dans la conduite; *attonito*, étonné; *sorpreso*, surpris; *stupefatto*, stupéfait, ont aussi une signification bien différente; car la grandeur d'un sujet *étonne*; sa nouveauté *surprend*; incompréhensible, il rend stupéfait.

DES AUGMENTATIFS ET DES DIMINUTIFS.

Les augmentatifs et les diminutifs sont des mots dont la signification naturelle est modifiée par l'augmentation d'une ou de plusieurs syllabes. Ces altérations peuvent avoir lieu, non seulement dans les substantifs, comme *campana*, cloche; *campanone*, grande cloche; mais aussi dans les adjectifs, comme *cattiva*, méchante; *cattivaccia*, vilaine méchante; et même dans quelques adverbes, comme *bene*, bien; *benino*, assez bien; *benone*, très bien. La lecture peut dans ce cas progressivement instruire les étudians mieux que des règles positives, qu'il serait bien difficile de donner. Cependant il faut remarquer : 1.º qu'il y a des mots qui sont susceptibles plutôt d'une désinence que d'une autre, comme *cane*, chien; on dira *cagnuolino* et non pas *canino*, joli petit chien, etc.; 2.º qu'il y a des doubles augmentatifs et des doubles diminutifs, comme *bestia*, bête; *bestione*, grande bête; *bestionaccia*, grande vilaine bête; *uccello*, oiseau; *uccelletto*, petit oiseau; *uccellettino*, joli petit oiseau; 5.º que chaque désinence exprime une nuance particulière; 4.º que plusieurs de ces modifications sont une sorte d'irrégularité que l'usage seul fait connaître, comme *mediconzolo*, médecin ignorant.

L'augmentatif en *one* exprime une idée de grandeur : *cavallo*, cheval; *cavallone*, grand cheval; *avaro*, avare; *avarone*; *casa*, maison; *casone*, etc. Il faut remarquer qu'un nom féminin, ainsi augmenté, devient toujours masculin.

Les désinences en *accio*, comme *cappellaccio*, *avaraccio*; en *accia*, comme *donnaccia*; en *azzo*, comme *popolazzo*, *cagnazzo*; en *azza*, comme de *bisca*, lieu de jeu public, *biscazza*, etc., expriment l'idée du mépris; elles répondent aux adjectifs français *vilain*, *méprisable*, etc.

La désinence en *otto* ou *occio* exprime la force et la vigueur de l'objet, comme *vecchio*, vieux; *vecchiotto*; *fresca*, fraîche; *frescozza*, *frescotta*, *frescoccia*; *bacio*, baiser; *baciozzo*, etc.

La désinence en *astro* et *astra* quelquefois marque le mépris, comme *giovane*, jeune homme; *giovanastro*; *astrologa*, *astrologastra*, etc. Mais quelquefois ce n'est q'une simple modification qui se rendrait en français par *un peu*, *pas tout-à-fait*, comme *sordo*, sourd, *sordastro*; *bianca*, blanche, *biancastra*, etc.

La désinence en *ino* exprime la petitesse, et en même temps une certaine grâce et affection dans l'objet qu'elle désigne, comme *fanciullo*, enfant, *fanciullino*; *carrozza*, carrosse, *carrozzino*; *camera*, chambre, *camerino*; *uccellino*, etc. Observez que quelques féminins deviennent masculins par la terminaison en *ino*.

La désinence en *etto*, *etta*, peut être l'expression d'un objet petit et joli; comme *fanciulletto*, *uccelletto*; aussi bien que d'un objet petit, dont on fait peu de cas, comme *cappello*, chapeau, *cappelletto*; *cameretta*, etc.

Dans les diminutifs en *ino* et en *etto*, il faut ajouter l'*h* lorsque, par le changement du mot dans la syllabe *co* ou *go*, la lettre *c* ou *g* se trouve devant *e* ou *i*, comme *largo*, large, *larghetto*; *poco*, peu, *pochino*, *pochetto*, *pochettino*.

La désinence en *ello*, *ella*, exprime à la fois la petitesse de l'objet, et son peu de mérite, ou sa légèreté, comme *pazzo*, fou, *pazzarello*; *vana*, vaine, *vanarella*, etc.

Les désinences en *uccio*, *uccia*, *uzzo*, *uzza*, marquent une petitesse au-dessous des proportions ordinaires, quelquefois unie à la grâce, comme dans *boccuccia vermigliuzza*, jolie petite bouche vermeille; et quelquefois aussi inspirant le mépris, comme dans *poetuzzo*, pauvre petit poëte, etc.

La désinence en *icciuolo*, *icciuola*, indique très-bien la petitesse physique de l'objet, réunie à l'idée du peu de considération qu'il mérite, comme *libro*, livre, *libricciuolo; letto*, lit, *letticciuolo; donna*, femme, *donnicciuola*, etc.

Finalement les désinences en *icciatto* ou *icciatolo* expriment l'intention de réduire l'objet au dernier degré d'abaissement, comme *uomo*, homme, *omicciatto*, *omicciattolo*, et quelques autres.

DES COMPARATIFS ET DES SUPERLATIFS.

L'adjectif dans son premier degré de signification est au positif: *bello*, beau; *brillante*, brillant; *oscuro*, obscur, etc.

Si l'adjectif qualifie un objet relativement à un ou à plusieurs autres, il peut y avoir parmi ces objets un rapport d'*égalité*, de *supériorité*, ou d'*infériorité*, ou enfin de *prééminence*.

Si le rapport est d'égalité, l'adjectif reste toujours au positif, et l'on exprime ces rapports par les mots *tanto* ou *altrettanto*, qui ont pour corrélatif *quanto : La probità è tanto stimabile quanto la giustizia*, la probité est autant estimable que la justice; *la luna è altrettanto bella quanto ogni altro globo celeste*, la lune est aussi belle que tout autre globe céleste.

L'ellipse peut supprimer *tanto* ou *altrettanto*, si cette suppression est favorable à l'harmonie : *Catone fu celebre quanto Pompeo*, Caton fut célèbre autant que Pompée.

Comme le corrélatif de *tanto* est *quanto*, le corrélatif de *tanto più* est *quanto più : Tanto più l'uo-*

mo è stimato quanto più è saggio, l'homme est estimé d'autant plus qu'il est plus sage.

Ces mots *tanto*, *altrettanto*, *quanto*, étant employés comme adjectifs, toutes les fois qu'ils qualifient un nom, ils doivent prendre les désinences relatives au genre et au nombre du nom qu'ils qualifient : *Non gusta l'uomo tanti piaceri*, *quante pene soffre*, l'homme ne goûte pas autant de plaisirs qu'il souffre de peines.

Ces comparaisons s'expriment aussi par les adverbes *così*, *sì*, dont le corrélatif est *come :* mais il faut faire attention que ces mots étant invariables et ne pouvant être employés que comme adverbes, on ne peut s'en servir que lorsqu'on a égard à la manière de faire telle ou telle chose : *Corre tanto quanto il lepre*, il court autant que le lièvre ; *corre così come il lepre*, il court ainsi que le lièvre. Dans la première proposition, on exprime que sa course est aussi rapide que celle du lièvre ; mais dans la seconde on exprime qu'il court de la même manière que le lièvre.

Lorsqu'entre plusieurs objets comparés ensemble il y a rapport du *plus* ou du *moins*, l'adjectif est alors au *comparatif* de *supériorité* ou d'*infériorité*. Dans la langue italienne, on distingue ces comparatifs comme en français par les mots *più*, plus ; *meno*, moins, ajoutés à l'adjectif : L'homme instruit est plus estimable que l'ignorant, *l'uomo erudito è più stimabile dell' ignorante*.

On excepte les comparatifs suivans : *maggiore*, plus grand ou plus grande ; *minore*, plus petit ou plus petite; *migliore*, meilleur ou meilleure; *peggiore*, pire; *peggio*, pis, qui contiennent en eux-mêmes les mots *plus* ou *moins* : Le plus grand bien de l'homme est la probité, *il maggiore bene dell' uomo è la probità*.

Généralement la particule *que*, qui est corrélative aux mots *plus* ou *moins*, s'exprime en italien par la préposition *di*, avec ou sans article, selon que le mot le demande : Qui est plus heureux que l'homme sage et bienfaisant ? *chi è più felice dell' uomo saggio, e benefico !* Qui est plus funeste à l'humanité qu'un conquérant ambitieux ? *chi è più funesto per l'umanità, di un conquistatore ambizioso ?*

On met en italien la préposition *di* à la place de *que*, parce qu'on sous-entend *a comparazione*, en comparaison, de manière que les phrases : *Più dell' uomo saggio ; più di un conquistatore*, sont une abréviation des suivantes : *più a comparazione dell' uomo saggio ; più a comparazione di un conquistatore*. Que si devant le second terme de la comparaison cette ellipse ne peut avoir lieu, alors la particule *que* s'exprime par *che* : Alors je craignis la mort plus que jamais, *allor temetti più che mai la morte;* l'égoiste est plus à mépriser qu'à envier, *l'egoista è più da sprezzare che da invidiare*.

L'ellipse de l'expression *a comparazione* ne peut jamais avoir lieu lorsque les termes de la comparaison sont exprimés par deux verbes, deux adverbes, deux adjectifs : L'homme prudent médite plus qu'il ne parle, *l'uomo prudente medita più che non parla;* le courtisan est plus poli que sincère, *il cortigiano è più civile che sincero;* il vaut mieux tard que jamais, *va meglio tardi che mai.*

On peut cependant employer *che* comme en français, au lieu de la préposition *di*, même lorsque les deux termes de la comparaison sont deux substantifs; ce qui rend l'expression bien plus forte : *Lucevan gli occhi suoi più che la stella,* (DANTE.), ses yeux brillaient plus que l'étoile de Cythérée, etc.

Quand on exprime qu'une chose fut, est, ou sera *plus* ou *moins* qu'elle ne l'est, ne le fut, ou ne le sera, comme : Vous êtes moins riche que vous ne l'étiez, on doit dire en italien *siete meno ricco di quel che eravate* (de ce que vous n'étiez); phrase elliptique où l'on sous-entend l'expression *à comparazione.* Pierre est plus diligent qu'il ne l'était, *Pietro è più diligente di quel ch'egli era.* L'ellipse peut supprimer aussi les mots *di quel :* Tu comprends mieux que je ne parle, *intendi meglio ch'io non ragiono.*

Le troisième degré de comparaison est appelé *superlatif.*

Il y a un superlatif *absolu*, et un superlatif *relatif.* Le premier est celui qui, sans avoir égard aux êtres semblables, élève le positif au plus haut degré; le second indique un excès au-dessus ou au-dessous des êtres semblables auxquels il a rapport.

Le superlatif *absolu* se forme de l'adjectif en changeant la dernière voyelle en *issimo* pour le masculin, en *issima* pour le féminin, en *issimamente* pour l'adverbe; comme : *Uomo eruditissimo,* homme très instruit; *donna dottissima*, femme très savante; *dottissimamente*, très savamment.

Les superlatifs suivans, tirés de la langue latine, sont irréguliers : *Ottimo*, très bon; *pessimo*, très mauvais; *massimo*, très grand; *minimo*, très petit; *supremo*, très haut; *infimo*, très bas; *acerrimo*, très rude; *celeberrimo*, très célèbre; *ottimamente* et *benissimo*, très bien. Le premier doit être préféré.

Dans le superlatif relatif, le second terme doit être précédé des prépositions *di* ou *tra* ou *oltre a* : Le plus fort de tous les hommes, *il più forte di tutti gli uomini*; ou bien : *tra tutti gli uomini*, (mot à mot) parmi tous les hommes; l'avarice est la plus vile de toutes les passions, *oltre ad ogni altra passione vilissima è l'avarizia.*

La répétition de l'adjectif est équivalente à un superlatif, comme *piccin piccino*, très petit; *lento lento*, très lent; allez doucement, *andate piano*; allez très doucement, *andate pian piano*; il est très beau, *è bello bello.*

Il en est de même de l'adverbe, comme *ben bene*, très bien; *spesso spesso*, très souvent; *ratto ratto*, très vite; à peine les rayons du soleil paraissaientils, *nè ancora spuntavano i raggi del sole ben bene.*

Quelquefois dans le style familier on trouve l'adjectif *molto* avec un superlatif. C'est ainsi que Redi, dans une de ses lettres, dit : *Un molto grandissimo paniere di novellina salsiccia, ed avendola trovata molto ottima,* etc. Varchi dit également : *Alla molto virtuosissima,* etc. Cette manière, tirée peut-être du *quam maximus* des Latins ou de *los megistos* des Grecs, peut donner une certaine grâce à l'expression, mais elle n'est employée que très rarement.

Il reste à observer que dans toutes les langues en général il y a des adjectifs qui marquent des qualités qui ne sont susceptibles de recevoir aucun degré de comparaison ; tels sont : *eterno,* éternel ; *divino,* divin ; *immortale,* immortel, etc. ; car on ne peut pas dire *plus éternel* ou *très éternel.*

DES ADJECTIFS *TUTTO, OGNI,* etc.

Tutto, tout, marque l'unité indivisible d'une société, d'un individu, etc. Cet adjectif varie en genre et en nombre ; et lorsqu'il précède un nom, celui-ci demande l'article : Tout le monde, *tutto il mondo* ; de toutes les maisons, *di tutte le case. Tutto dì, tuttogiorno* ne sont que des expressions adverbiales, où les mots *dì* et *giorno,* sont pris indéfiniment. En effet, ces mêmes mots, pris d'une manière déterminée exigent l'article : Il fut occupé tout le jour, *fu occupato per tutto il giorno.*

Ogni, chaque, est invariable, sert pour les deux genres, et manque de pluriel. Cet adjectif exprime chaque objet pris distributivement dans sa totalité, et, pour ainsi dire, l'un après l'autre : Mettez chaque chose à sa place, *mettete ogni cosa a suo luogo.* Ainsi, on traduira, par exemple : Tout homme de bien, *ogni uomo dabbene ;* et : tous les hommes de bien, *tutti gli uomini dabbene.*

Les adjectifs *qualche* et *alcuno*, quelque, ont entre eux cette différence que le premier ne peut désigner qu'un seul objet, et le second peut en indiquer un ou plusieurs ; donc, le premier qui, à cause de sa désinence en *e* peut qualifier également un nom masculin et féminin, restera toujours invariable, tandis que le second pourra prendre toutes les désinences relatives au genre et au nombre du nom qu'il qualifie : Si tu as quelque chose, *se tu hai qualche cosa ;* si tu as quelques doutes, *se tu hai alcuni dubbj.* Il importe de savoir que l'adjectif *qualche* suppose toujours l'*un* spécifique que l'on peut exprimer à volonté. Ainsi, l'expression *datemi qualche libro*, donnez-moi quelque livre, est la même que *datemi un qualche libro ;* savoir : *un libro qualunque*, un livre quelconque.

Les expressions *qualsisia, qualsisiano, qualsivoglia, qualsivogliano*, sont des expressions elliptiques composées d'un nom sous-entendu, d'un verbe, d'un adjectif, et du pronom personnel *si*

Voici la construction pleine de chacune : *Qualsi-sia*, savoir ; *tale quale egli* ou *ella sia in se*, tel qu'il ou qu'elle puisse être en lui ou en elle-même. *Qualsisiano*, savoir, *tali quali essi* ou *esse siano in se*, tels qu'ils ou qu'elles puissent être en eux ou en elles-mêmes. *Qualsivoglia*, *tale quale egli* ou *ella si voglia*, tel ou telle qu'on puisse le ou la vouloir. *Qualsivogliano*, savoir, *tali quali essi* ou *esse si vogliano*, tels ou telles qu'on puisse les vouloir. Voilà le sens intime de ces expressions ; c'est pourquoi le verbe qui entre dans leur composition s'y trouve au singulier ou au pluriel, selon que le sujet est un ou plusieurs individus.

Le mot *qualunque* est formé de l'adjecdif *quale* et du mot *unque* qui signifie *mai* (jamais). Dans l'emploi de cet adjectif, il y a toujours sous-entendu le mot *individuo*, individu : Quiconque me demande, *qualunque mi domandi*.

Les mots *niuno* et *nessuno* sont aussi de véritables adjectifs. Ils signifient *nè pur uno*, pas même un ; et l'on peut les traduire en français par *aucun* ou *personne : Non ho veduto niuno*, je n'ai vu personne ; *nessuno è venuto*, aucun n'est venu ; *niuna gloria si acquista mai dalle cattive azioni*, on n'acquiert jamais aucune gloire par de mauvaises actions. Souvent le nom qualifié par ces mots est supprimé par l'ellipse : *Niuno ci vedrà*, personne ne nous verra. Il y a ellipse du nom *uomo*, homme.

Quant à la syntaxe de ces mots, lorsqu'ils sont

placés après le verbe, celui-ci doit être précédé
de la particule négative *non*; lorsqu'ils sont placés
avant, cette particule n'a pas lieu. La raison en
est qu'en parlant à quelqu'un, il faut lui présenter
d'abord l'idée affirmative ou négative telle qu'elle
est, afin d'épargner à son esprit un contraste désagréable, qui aurait lieu sans cette précaution: *Nes-*
suno si duole, personne ne se plaint; *non trovo*
nessuno, je ne trouve personne.

Le substantif *niente*, rien; et l'adjectif *nullo*,
aucun, sont assujettis à la même règle par la même
raison: *Niente vide*, il ne vit rien; *non vide niente*;
nulla disse, il ne dit rien, *non disse nulla*.

Les écrivains classiques ont employé le mot *per-*
sona dans le même sens que le français *personne*:
Non c' è persona, il n'y a personne.

DES ADJECTIFS NUMÉRAUX.

Ces adjectifs sont divisés en deux classes:

1.° Celle des adjectifs du nombre cardinal, destinés à qualifier une collection d'êtres relativement
au nombre ou à l'espèce.

2.° Celle des adjectifs du nombre ordinal, destinés à qualifier une collection d'êtres relativement
à un rapport numéral.

Les adjectifs du nombre cardinal sont les suivans:

Uno, una,	1.	*Tre,*	3.
Due,	2.	*Quattro,*	4.

Cinque,	5.	Quaranta,	40.
Sei,	6.	Cinquanta,	50.
Sette,	7.	Sessanta,	60.
Otto,	8.	Settanta,	70.
Nove,	9.	Ottanta,	80.
Dieci,	10.	Novanta,	90.
Undici,	11.	Cento, (inva-	
Dodici,	12.	riable),	100.
Tredici,	13.	Ducento,	200.
Quattordici,	14.	Trecento,	300.
Quindici,	15.	Quattrocento,	
Sedici,	16.	etc.,	400.
Diciassette,	17.	Mille, dont le	
Diciotto,	18.	pluriel est	
Diciannove,	19.	mila,	1,000.
Venti,	20.	Milione, dont	
Vent'uno, etc.,	21.	le pluriel est	
Trenta,	30.	milioni,	1,000,000.

L'adjectif *un* peut se présenter sous deux aspects différens, savoir : d'adjectif *numérique*, quand on veut exprimer le nombre plutôt que l'espèce; d'adjectif *spécifique*, quand on veut exprimer l'espèce plutôt que le nombre : *Ho una casa, un figlio*, etc., j'ai une maison, un fils, etc. (c'est le premier cas): *mi ricordo d'un letterato padovano*, je me rappelle d'un certain homme de lettres de Padoue (c'est le second cas).

Uno, *una*, numérique, a pour pluriel *uni, une* : *Gli uni tementi Annibale, e gli altri Filippo ma-*

cedonio, les uns craignant Annibal, et les autres Philippe-le-Macédonien.

Dans tous les nombres composés de *cento* et de *cinquanta* on supprime par élégance la dernière syllabe du premier nombre, et l'on dit *cencinquanta* au lieu de *cento cinquanta*.

Onze cents, douze cents, se rendent en italien par *mille e cento, mille dugento*, etc., et non pas *undicicento, dodicicento* : L'an mil huit cent dix-neuf, *l'anno mille ottocento diciannove*.

Lorsqu'un de ces adjectifs est accompagné d'un nom, celui-ci peut être mis avant ou après indifféremment : trois écus, *tre scudi* ou *scudi tre;* mais avec *vent'uno, trent'uno*, etc., si le nom se met après le nombre, l'usage veut qu'il soit au singulier, comme *vent'uno scudo*, vingt-un écus. En ce cas la phrase est elliptique; c'est un abrégé de *scudi venti ed uno scudo*.

Les adjectifs du nombre ordinal sont les suivans:

Primo,	I.	*Decimo*,	X.
Secondo,	II.	*Undecimo*,	XI.
Terzo,	III.	*Duodecimo*,	XII.
Quarto,	IV.	*Decimoterzo*,	XIII.
Quinto,	V.	*Decimoquarto*,	XIV.
Sesto,	VI.	*Decimoquinto*,	
Settimo,	VII.	etc.,	XV.
Ottavo,	VIII.	*Vigesimo* ou	
Nono,	IX.	*ventesimo*,	XX.

Vigesimo pri-		*Cinquantesimo,*	L.
mo ou vente-		*Sessantesimo,*	LX.
simo primo,		*Settantesimo,*	LXX.
etc.,	XXI.	*Ottantesimo,*	LXXX.
Trentesimo ou		*Novantesimo,*	XC.
trigesimo,	XXX.	*Centesimo,*	C.
Quarantesimo,	XL.	*Millesimo,*	M.

Antipenultimo, antipénultième.

Penultimo, pénultième.

Ultimo, dernier.

On dit aussi *dodicesimo, tredicesimo, quattordicesimo, quindicesimo, sedicesimo*, mais il ne sont pas si bien employés, surtout dans l'écriture; et cette manière de donner la désinence en *esimo* au nombre cardinal ne doit commencer que du nombre *diciassette*. On dira donc : *diciassettesimo, diciottesimo, diciannovesimo*.

Les adjectifs du nombre ordinal sont déclinables; ainsi l'on dit : *Il primo uomo, la seconda casa, i terzi cavalli, le quarte file*, etc.

Les nombres ordinaux remplacent en italien les nombres cardinaux dont on se sert en français après les noms des souverains pour désigner celui qu'on veut nommer parmi ceux qui ont le même nom : *Arrigo quarto*, Henri quatre; *Giuseppe secondo*, Joseph deux, etc.

En français les nombres ordinaux peuvent devenir adverbes numératifs, mais en italien on n'a que *primieramente*, premièrement, et *secondaria-*

mente, secondement. On dit après *in terzo luogo,
in quarto luogo*, etc.

Dans les dates on dit : *Alli sette*, le sept ; *alli
dieci*, le dix, etc. ; ou *li sette*, le sept, etc., selon
le temps plus ou moins déterminé.

On dit en italien : *tutti due, tutti tre*, etc.,
tous deux, tous trois, etc. ; ou *tutti e due, tutti
e tre*; cette dernière expression est un abrégé de
tutti e sono ou *erano due*; et l'on a voulu employer
cette manière pour déterminer plus précisément
les individus compris dans la collection énoncée
par l'adjectif *tutti*. Ainsi, en adressant la parole à
quelqu'un qui connaît le nombre des individus en
question, on doit dire simplement : *Tutti due* ;
mais si la personne à qui l'on parle ignore ce
nombre, il faut dire : *Tutti e due*.

Si l'une de ces expressions est suivie d'un
nom, c'est devant lui immédiatement que l'on doit
placer l'article, comme ; *Tutte e tre le grazie*,
toutes les trois grâces ; *tutte e nove le muse*, toutes les neuf muses, etc. On doit dire de même :
Ambo ou *ambe le mani*, les deux mains ; *ambedue
l'ale*, les deux ailes, etc.

Ce que les Français expriment ainsi par *deux*,
par *trois*, par *dixaine*, etc., les Italiens l'expriment
par *a due, a tre, a decina, a centinajo*, etc.

L'expression *essere* ou *vivere fra due*, est une
expression elliptique qui signifie : être incertain,
ou vivre entre deux opinions, ou entre deux senti-
mens contraires.

DES ADJECTIFS POSSESSIFS.

Ces adjectifs expriment un rapport de propriété entre les possesseurs et l'objet même ; ce sont les suivans :

Mio,	mon.	*Mia*,	ma.
Tuo,	ton.	*Tua*,	ta.
Suo,	son.	*Sua*,	sa.
Nostro,	notre.	*Nostra*,	notre.
Vostro,	votre.	*Vostra*,	votre.
Loro,	leur.	*Loro*,	leur.

Miei, mie,	mes.	*Nostri, nostre*,	nos.
Tuoi, tue,	tes.	*Vostri, vostre*,	vos.
Suoi, sue,	ses.	*Loro, loro*,	leurs.

Dans la langue italienne ces adjectifs sont généralement précédés de l'article : Votre livre, *il vostro libro;* votre chambre, *la vostra camera*, etc., parce qu'ils bornent la signification générale des noms *libro*, *camera*, etc., à un objet particulier.

Cependant ils refusent l'article lorsqu'ils précèdent immédiatement un nom de dignité ou de parenté, comme *maestà*, *altezza*, altesse ; *eminenza*, *eccellenza*, etc., *padre*, *madre*, *zio*, oncle ; *zia*, tante ; *cugino*, *sorella*, *marito*, *moglie*, *suocero*, beau-père ; *genero*, beau-fils ; *nuora*, belle-fille ; *nipote*, neveu et nièce, etc. Les intérêts de sa majesté ; *gl' interessi di sua maestà;* honorez votre père, *onorate vostro padre;* il aime son frère, *ama sua fratello,* etc. Mais si le nom de dignité ou de parenté était séparé de l'adjectif possessif par une épithète, ou un autre adjectif, l'article serait nécessaire, pourvu que l'épithète fût placée avant le nom, et non après; ainsi on dira : *Il mio misero padre* ou *mio padre misero,* mon malheureux père.

On emploie aussi l'article :

1.° Quand on met l'adjectif possessif après le nom de dignité ou de parenté, comme *la maestà sua, il fratello mio,* etc.

2.° Quand au lieu de *padre, madre, marito, moglie, fratello, sorella,* on se sert de *genitore, genitrice, sposo, sposa,* ou *consorte, germano, germana* : votre époux, *il vostro consorte;* la sœur, *la tua germana;* mon père, *il mio genitore,* etc.

3.° Quand l'adjectif possessif est *loro :* Leur oncle, *il loro zio.* Pour rendre en italien : Monsieur votre père, madame votre mère, etc., il faut dire : *il vostro signor padre, la vostra signora madre,* et non pas *il signor vostro padre,* etc.

Il faut observer, soit pour bien entendre la langue, soit pour l'écrire selon le génie qui la caractérise, que l'ellipse supprime l'adjectif possessif toutes les fois que cette suppression ne jette point d'obscurité dans les idées; ainsi un Italien dira plutôt : *Egli ama teneramente i fratelli, e le sorelle,* que *i suoi fratelli, e le sue sorelle;* il fit couper la tête à son neveu, *fece tagliar la testa al nipote,* se tournant vers ses amis, *rivolgendosi verso gli amici.*

On dit en français : Cette maison est à toi, à moi, à lui, etc. En italien, on substitue au pronom personnel l'adjectif possessif, et l'on dira : *Questa casa è tua, mia, sua,* etc. On peut dire en italien : *Un mio libro,* un mien livre ; et *uno de' miei libri ;* c'est une de mes voisines, *è una mia vicina,* ou *è una delle mie vicine.*

La première forme doit être préférée dans le style familier.

Observations.

On a dit que les adjectifs possessifs sont généralement précédés de l'article, mais cette règle n'est pas sans exception.

Voici deux expressions :

1.º *Questi sono tuoi libri;* }
2.º *Questi sono i tuoi libri.* } Ce sont tes livres.

La première fait entendre que celui qui parle, en voyant les livres en question, veut simplement les qualifier sous le rapport de la propriété, sans s'occuper de leur quantité et qualité ; ou bien il veut exprimer que ces livres ne sont qu'une partie de sa bibliothèque.

La seconde, au contraire, exprime que les livres indiqués sont tous ceux qui composent la bibliothèque, ou tous les livres dont s'occupent les personnes qui parlent ensemble.

Ainsi je dois dire, par exemple : *Questi sono i miei libri, i miei figli, i miei, cavalli*, etc. , lorsque je les montre tous; et je dois dire *questi sono miei libri, miei figli, miei cavalli*, etc. lorsque je veux simplement exprimer que les livres, les enfans, les chevaux que j'indique, m'appartiennent, ou qu'ils n'en sont qu'une partie.

Il y a aussi plusieurs expressions où l'article est supprimé devant l'adjectif possessif, quoique celui-ci ne soit pas suivi immédiatement d'un nom de dignité ou de parenté. Telles sont : *Di mia testa*, de mon chef; *a tuo gusto*, à ton goût; *a suo talento, a sua voglia, a suo senno*, à sa fantaisie, à sa volonté, et semblables.

On peut en rendre raison de deux manières :

1.º En les regardant comme des expressions adverbiales;

2.º Comme des expressions elliptiques, où l'empressement d'énoncer notre pensée, nous fait supprimer l'article.

Lorsqu'on dit : *Il mio*, le mien ; *il tuo*, le tien; *il nostro*, le nôtre, etc., la phrase est elliptique, et le nom sous-entendu est *avere*, avoir, ou *bene*, bien; *al quale la fortuna il suo aveva tolto*, à qui la fortune avoit enlevé son bien; *hai mangiato il tuo*, tu as mangé ton bien, etc.

On dit aussi en italien : *Miei, tuoi, suoi*, etc., les miens, les tiens, les siens, etc., sans exprimer le substantif auquel ils se rapportent. C'est à

l'esprit à substituer le nom que l'ellipse a supprimé ; et ce nom peut être suivant les circonstances : *parenti, domestici, amici, compagni, guerrieri,* etc.; *quand' Atila invase l'Italia co' suoi,*
quand Attila envahit l'Italie avec ses soldats.

Il faut employer le pronom personnel *di lui*, de
lui ; *di lei,* d'elle, au lieu du possessif *suo,* toutes
les fois que cet adjectif ne se rapportant pas au
sujet de la proposition, il y aurait de l'amphibologie en se servant du possessif *suo* ou *sua,* comme
mio padre ama sua sorella, ed i figli di lei,
mon père aime sa sœur et ses enfans, (les enfans
d'elle); si l'on disait *i suoi figli,* on ne saurait pas
si l'on parle des fils de mon père ou de ceux de
sa sœur.

*Carlo viaggiando col fratello Pietro, traffisse con
la spada di lui un assassino,* Charles en voyageant
avec son frère Pierre, blessa avec son épée un assassin. En disant *la spada di lui,* c'est l'épée de
Pierre dont on parle, et si l'on avait dit *la sua
spada,* ce serait l'épée de Charles dont on parlerait.

DES ADJECTIFS DÉMONSTRATIFS.

On appelle ainsi les mots *questo, codesto, quello,*
parce qu'ils déterminent l'objet qu'ils qualifient,
et expriment en même temps le rapport de lieu
ou de temps de son existence, relativement au lieu
ou au temps où se trouve celui qui parle.

L'objet peut se trouver en trois positions de lieu différentes relativement à la personne qui parle et à celle à qui l'on parle; il peut se trouver plus près de la première, ou plus près de la seconde, ou également éloigné des deux.

Dans le premier cas, on se sert de *questo*; dans le second, de *codesto*; dans le troisième, de *quello*: Prends ce livre que je te donne, *prendi questo libro ch' io ti do*; donne-moi ce livre que tu tiens à la main, *dammi codesto libro che hai in mano*; de quoi traite ce livre? *di che tratta quel libro!*

Questo, *cotesto* ou *codesto*, et *quello*, se déclinent comme tous les autres adjectifs qui finissent en *o*.

En parlant de deux époques, l'une passée, l'autre présente ou future, on désigne la première par l'adjectif *quello*, et les autres par l'adjectif *questo* : *Mi ricorderò sempre di quel giorno, in cui ricevei la sua prima lettera*, je me souviendrai toujours de ce jour où je reçus sa première lettre; *in questo mese deve decidersi la mia sorte*, dans ce mois-ci, l'on doit décider de mon sort.

In questo autunno forse partirà da Lione, cet automne il partira peut-être de Lyon; *gli anni 1802, 1813, 1818, furono per me fatali; possa questo che abbiamo cominiciato farmi dimenticare gli affanni che ho provato in quelli.* Je dis *questo*, parce que je parle de l'année présente, et je dis *quelli*, parce que j'ai parlé des années 1802, 1813, 1818.

Si l'on désigne aussi deux objets en même temps

quello est toujours relatif au premier nommé, et *questo* au dernier : *Tito ed Arrigo quarto furono due principi il cui nome basta per ricompensare i monarchi. L'impero romano fù felice sotto quello chiamato la delizia del genere umano, e la Francia piange ancora la perdita di questo. Ottavia e Poppea furono mogli di Nerone, quella saggia e virtuosa fù imolata a questa scellerata ed infame.* Questo, codesto, quello paraissent quelquefois employés substantivement ; mais dans le fond ce sont toujours de véritables adjectifs, car on sous-entend le nom auquel ils sont relatifs : *Quando intesi parlare di questo, partii,* quand j'entendis parler de ceci je partis ; *di questo,* c'est-à-dire *di quest'oggetto di quest'argomento.*

Les expressions *in questo, in questa,* etc., sont aussi elliptiques, et les mots sous-entendus sont *momento, occasione,* ou tout autre mot analogue aux circonstances : *In questo la fante di lei sopravenne,* en ce moment sa servante survint. Pour donner à l'expression plus d'évidence, et en même temps plus de grâce, on ajoute à l'adjectif démonstratif le possessif ; ce qui explique à la fois deux idées : *Questo mio libro ; coteste tue labbra ; quel suo cavallo,* etc.

On syncope quelquefois la première syllabe de *questa* devant *mattina, sera* ou *notte,* en en faisant un seul mot : *Stamattina, stasera, stanotte.*

Au lieu de *quelli,* on dit au pluriel *que'* ou *quei* devant les mots qui ne commencent ni par une

9

voyelle, ni par un *s* impur *que' cavalli, quei denti.*

DES ADJECTIFS CONJONCTIFS OU RELATIFS.

L'adjectif conjonctif sert :

1.º A restreindre l'idée générale du mot, la bornant à une classe ou à un être particulier: *L'uomo che è venuto*, l'homme qui est venu; les hommes qui étudient, *gli uomini che studiano;*

2.º A lier les propositions incidentes avec la proposition principale : L'homme qui est venu est bon, *l'uomo che è venuto è buono; gli uomini che studiano sono migliori degl' ignoranti.* Les propositions principales sont ici: *L'uomo è buono; gli uomini sono migliori degl' ignoranti.* Mais quel est l'homme bon? quels sont les hommes meilleurs que les ignorans? voilà ce qu'on explique par les deux propositions incidentes qui restreignent la signification générale de la première proposition principale, parce que c'est celui *che è venuto*, qui est venu; et de la seconde, parce que ce sont ceux *che studiano*, qui étudient.

Che (qui ou que) est invariable; il sert pour les deux genres et les deux nombres; mais ordinairement il n'est employé comme adjectif conjonctif que pour marquer le sujet de la proposition et l'objet.

Pour exprimer les autres rapports, on emploie ordinairement le mot *cui* qui sert également pour les deux genres et les deux nombres : *La donna che tanto stimo, di cui parlo, a cui penso, che si è scordata di me, e da cui son tanto maltrattato, sarà presente sempre alla mia memoria*, la femme que j'estime tant, dont je parle, à laquelle je pense, qui m'a oublié, et de laquelle je suis si maltraité, sera toujours présente à mon souvenir.

Quale, des deux genres, fait au pluriel *quali* ; lorsque ce mot est employé comme adjectif conjonctif il est toujours accompagné de l'article, et peut servir pour tous les rapports : *Lodando il fine il quale è buono non lodo tutti i mezzi de' quali vi servite*, en louant la fin qui est bonne, je ne loue pas tous les moyens dont vous vous servez.

Le mot *chi* est équivalent à un nom indéterminé singulier ou pluriel, accompagné de l'adjectif possessif *che* ou *il quale* :

> *E non è chi la fuga, o le difese,*
> *Lo scusare, o'l pregare ardisca, o tente* (TASSE.).

Et il n'est personne qui ose ou tente la fuite, les défenses, l'excuse ou la prière.

On se sert aussi de ce mot dans les énumérations : *Chi ribatte da proda, e chi da poppa*, (DANTE.); les uns travaillent à la proue, les autres à la poupe.

Les mots *chi*, *che*, *quale*, servent aussi aux interrogations; *chi* désigne la personne, *che* la chose, *quale* la qualité de l'une ou de l'autre; dans ce cas, *quale* est employé sans article : *Chi è!* qui est-ce ? *che vuole!* que veut-il ? *qual diavolo lo tocca!* quel diable le touche?

Quand on emploie le mot *che*, comme ci-dessus, on sous-entend le mot *cosa* : *Che bramate* ou *che cosa bramate*. On peut supprimer par l'ellipse le mot *cosa*, mais on ne doit pas supprimer le mot che, et dire *cosa bramate*; c'est une erreur populaire que l'on doit éviter.

On se sert aussi de l'adjectif *che* au lieu de *quale* dans les exclamations en correspondance des adjectifs français quel, quelle, quels, quelles : *Doh ! che bestia son io*, ah ! quelle bête je suis ; *oh ! che nobil capitano, oh ! che bell' uomo*, oh ! quel illustre capitaine ! oh ! quel bel homme !

Observations.

On emploie quelquefois l'adjectif conjonctif *che* même aux rapports de qualification, d'attribution ou d'éloignement : *Tutte le cose di che il mondo è adorno* (PÉTRARQUE.), toutes les choses dont le monde est orné ; *di che* pour *di cui* ou *delle quali.*

Il y a des Italiens qui se permettent de supprimer l'adjectif conjonctif *che*, comme dans ces phrases : *Il libro mi avete mandato, la scatola mi avete spedito*, au lieu de dire : *Il libro che mi avete mandato : la scatola che* etc. ; c'est une faute dont on doit se garder.

Il che, del che, al che, etc., est employé substantivement comme le *quoi* français ; et il signifie *la qual cosa*, etc. : *Il che mi dispiacque*, ce qui me déplut ; *del che mi dolgo*, c'est de quoi je me plains ; c'est comme si l'on disait : *La qual cosa mi dispiacque ; della qual cosa mi dolgo.*

Le mot *onde* peut être employé comme adjectif conjonctif, au lieu de *del* ou *della quale, dal* ou *dalla quale, col* ou *con la quale, pel* ou *per la quale*, *dei* ou *delle quali* : *la cosa onde ricevo più conforto è la lettura*, la chose dont je reçois le plus de consolation est la lecture ; *l'affare onde mi occupo*, l'affaire dont je m'occupe.

L'adjectif *quale* est aussi employé dans les comparaisons comme le corrélatif de *tale* : *Tale è la morte quale è vita*, la mort est telle que la vie. L'ellipse peut supprimer dans ces comparaisons l'antécédent *tale* : *La lingua del maledico è quale acuta spada*, la langue du médisant est telle qu'une épée aiguë.

Si en se servant de l'adjectif *che* ou *quale* pour marquer le terme de l'action, il y a ambiguité dans le sens, il faut leur substituer *cui* ; par exemple, pour rendre en italien : Je connais la femme que votre frère aime, si l'on disait : *Conosco la donna che ama vostro fratello*, on ne pourrait comprendre si c'est la femme qui aime votre frère, ou si c'est elle qui en est aimée. En substituant *cui* à *che*, toute ambiguité disparaît, parce que ce mot ne peut jamais marquer le sujet de la proposition ; ainsi, Pierre qui est aimé de Paul, se traduira : *Pietro che è amato da Paolo* ; Pierre que Paul aime, *Pietro cui ama Paolo*.

L'ellipse peut supprimer les prépositions *di* et *a* devant l'adjectif *cui* : *Dolce oggetto cui tende ogni mio voto*, doux objets vers qui tendent tous mes vœux, *cui* au lieu de *a cui*.

Au lieu d'écrire *il pensiero di cui* ou *di cui l'animo*, etc., on peut par ellipse et transposition écrire *il cui pensiero, il cui animo*, etc.; mais

9 *

que l'on se garde de dire *il di cui pensiero*, *il di cui animo*. Cette construction dont on se sert dans le discours est contraire à la pratique des classiques, et une oreille délicate en est blessée.

Che est pris aussi quelquefois comme adverbe pour *perchè*, car, *non fate male*, *chè questo non mi piace*, ne faites point de mal, car ceci ne me plaît pas.

DE LA MANIÈRE DE RENDRE EN ITALIEN

LES GALLICISMES *IL Y A*, *IL Y AVAIT*, etc.

Pour exprimer l'existence d'une chose en un lieu, et depuis quel temps une action est faite, ou se fait, on se sert en français des expressions *il y a*, *il y avait*, etc.; on exprime en italien les mêmes idées d'une manière bien différente. S'il est question d'exprimer l'existence d'un objet dans un lieu, le pronom *il* que l'ellipse supprime constamment dans la langue parlée, se traduit par *egli*. L'*y*, adverbe de lieu, peut être rendu par *ci* ou par *vi*; le premier désigne un lieu près de la personne qui parle; il est synonyme de *quì*, ici; le second indique un lieu éloigné de celui qui parle, il est synonyme de *ivi*, là. Le verbe *avoir* doit être traduit par *essere* qui, par son rapport direct avec le sujet, doit prendre les désinences du nombre que celui-ci lui commande. Qu'on suppose les deux phrases suivantes : Il y a un homme, il y a deux hommes. Supposant que dans la première l'*y* indique un lieu près, et dans la seconde un lieu éloigné, on doit les traduire : *Egli ci è un uomo, egli vi sono due uomini;* ou selon la manière familière : *C'è un uomo, vi sono due uomini.* En écrivant ces phrases selon l'ordre de la construction naturelle : *Un uomo è quì, due uomini sono ivi,* on voit qu'elles correspondent exactement aux phrases françaises : Un homme est ici, deux hommes sont là; *di quelle cose, che alla vita bisognano, v'è la copia maggiore,* il y a là plus grande abondance de ces choses qui sont nécessaires à la vie. Boccace a fait usage ici de l'adverbe *vi,* parce que la personne qui parle désigne un lieu éloigné.

L'adverbe qui désigne le lieu peut être supprimé, lorsque le lieu est indiqué par un autre mot quelconque : *Quì sono giardini, quì sono pratelli, quì altri luoghi dilettevoli assai,* il y a ici des jardins, il y a ici des petits prés, il y a ici d'autres lieux bien agréables.

Lorsque les formes *il y a, il y avait,* désignent un certain temps écoulé depuis une époque quelconque jusqu'à celle où l'on parle, on n'exprime pas en italien l'*y.* Qu'on prenne les phrases : Il y a un an, il y a deux ans. Dans l'expression de cette idée, les Italiens ont suivi l'ordre de la construction naturelle. Ils ont dit : Un an est passé, deux ans sont passés ; ensuite ils ont fait usage de l'ellipse, en supprimant l'adjectif *passato* et *passati,* et ils ont dit simplement : *Un anno è, due anni sono ;* et enfin par transposition : *è un anno ; sono due anni.* Il y avait deux semaines, *erano due settimane ;* il y a peu de temps, *è poco tempo ,* etc.

Observations.

Quelques locutions méritent en italien une attention particulière.

I. *Ancor non è molt' anni* (DANTE, *Inf.* 19.), il n'y pas encore beaucoup d'années ; mot à mot : encore n'est beaucoup d'années.

II. *Oggi ha sett'anni* (PETRARQ.), il y a aujourd'hui sept ans ; mot à mot : aujourd'hui a sept ans.

III. *Con quanti sensali aveva in Firenze, teneva mercato,* il marchandait avec tous les courtiers qui étaient à Florence ; mot à mot : avait en Florence.

IV. *Quante miglia ci ha !* (BOCCACE.) combien de milles y a-t-il ? mot à mot : combien de milles y a ?

V. *Nell' isole famose di Fortuna due fonti ha* (PETRARQ.), dans les îles fameuses de la Fortune il y a deux fontaines ; mot à mot : deux fontaines a (ce lieu).

Ancor non è molt' anni. Le verbe *è* se trouvant au singulier, on voit d'abord qu'il doit être en rapport avec un nom que l'ellipse a supprimé ; et la nature des mots, et le sens de la phrase nous font connaître que ce nom peut être *momento, punto ,* ou tout mot semblable. On voit facilement que l'expression *molt' anni* désignant une époque dont on doit parcourir tous les points successifs, l'ellipse a aussi supprimé la préposition *per* devant ces mots. Cette phrase est donc un abrégé de : *Il momento (in che cio' avenne) ancora non è (lontano per) molti anni.*

Le second exemple est un abrégé de : *Il sole (oggi ha) compiuto il corso di (sette anni).*

Quant au troisième exemple, le verbe *aveva* dépend nécessairement d'un nom supprimé par ellipse. Ce nom peut être *popolo, commercio, città,* etc., ce qui donne *con quanti sensali (il popolo, o il commercio) aveva in Firenze.*

Pour le quatrième exemple, la construction pleine est : *Quante miglia ha (la via da qui insin là).*

Pour la dernière phrase, le nom supprimé est : *Luogo. Nell' isole famose di fortuna (un luogo) ha due fonti.*

Les formes qu'on vient d'analyser ne sont pas de la langue parlée, mais il est nécessaire de les connaître pour comprendre les auteurs. Dans la langue parlée, on ne doit en faire usage qu'avec mé-
nagement, et à propos.

<hr>

DES PRONOMS.

DU PRONOM INDÉFINI *ON*.

CE pronom, d'après plusieurs grammairiens, n'en est pas un; car il n'est que l'abrégé de l'*homme* désignant un individu indéterminé de l'espèce. En disant : On le connaît, on les connaît, ces deux phrases correspondent précisément aux suivantes: L'homme connaît lui, l'homme connaît eux. Voilà pourquoi dans le français le verbe est toujours à la troisième personne du singulier.

Dans la langue italienne on traduit généralement ce mot par la particule *si*, qui a la force de changer le verbe actif en passif, c'est-à-dire que le verbe n'exprime pas une action, comme en français, mais un état; de manière que ce qui est en français l'objet, représente toujours en italien le sujet de la proposition. On traduira donc : On le connaît, *egli si conosce;* on les connaît, *essi si conoscono. Le* ou *les*, dans le français, est l'objet du verbe connaître, et *egli* ou *essi*, en italien, est le sujet dont on dit *si conosce* ou *si conoscono.*

C'est donc une suite de ce principe :

1.º De remplacer les pronoms *le*, *la*, *les*, qui désignent l'objet par *egli*, *ella*, *esse* ou *essi*, que l'on peut sous-entendre, mais que l'écrivain a dans son esprit;

2.º De mettre le verbe au singulier, lorsque le sujet est *egli* ou *ella*, ou tout autre mot au singulier, et de le mettre au pluriel, lorsque celui-ci est indiqué par *essi* ou *esse*, ou par tout autre mot au pluriel;

3.º De remplacer l'auxiliaire *avoir* par *essere*, être, dans tous les temps composés: *Ma spesso nella fronte il cor si legge;* mais souvent on lit le cœur sur le front. *Il cor si legge*, savoir: le cœur est lu, et mot à mot: le cœur se lit. On lit le cœur; c'est-à-dire l'homme lit le cœur. *Quivi s'odono gli uccelletti cantare*, là on entend chanter les petits oiseaux; *gli uccelletti si odono*, les petits oiseaux sont entendus; mot à mot: s'entendent. *Come si vede*, comme on le voit; mot à mot: comme cela se voit. *Molte volte si è mostrato*, on a montré souvent. *Si sono dette molte favole*, on a dit beaucoup de fables.

La particule *si* doit précéder immédiatement le verbe: *Non vi si pensa*, on n'y pense pas.

Si le pronom *en* (ne) se trouve dans la phrase, la particule *si* se change en *se*, et se lie avec le pronom qui la suit, et précède le verbe: *Più non sene cerca*, on n'en cherche pas davantage; *non sene cerca;* mot à mot: ne s'en cherche.

Lorsque le mot *on* se trouve avec un verbe qui a pour objet le pronom personnel *si*, on doit le rendre en italien par *uno* ou *taluno*, à cause du mauvais son qui résulterait de cette façon de parler: *Si si lusinga*, on se flatte. On doit dire: *Uno*

(108.)

si lusinga ; taluno si lusinga. Si les circonstances
le permettent, on peut aussi se servir des manières suivantes : *Ci lusinghiamo*, nous nous flattons ;
si lusingano, ils se flattent.

Il y a des cas où les phrases qui sont construi-
tes en français avec le mot *on*, doivent prendre en
italien une tournure bien différente. Cela arrive
toutes les fois que le verbe se trouve à un temps
composé, et que l'objet est un pronom personnel,
comme dans la phrase : On nous a trompés. *A trom-*
pés, temps composé ; *nous*, objet, pronom personnel. En ce cas, ce qui est en françai *s* l'objet, doit être
en italien le sujet : *Noi siamo stati ingannati*, nous
avons été trompés ; autrement il faut tourner
la phrase : *Ci hanno ingannato*, ils nous ont
trompés.

Quand on s'exprime : *Dicono che punì di morte*
due ladri, on dit qu'il punit de mort deux voleurs ; le sujet est sous-entendu : *Gli uomini*
dicono, etc.

Les mots *uomo* et *altri* ont souvent en italien la
même signification que le mot *on* en français : *E'*
dolce il pianto più ch' altri non crede ; non sene
dee l'uomo tanto meravigliare.

DES PRONOMS PERSONNELS.

Quelques grammairiens, ainsi que Condillac,
ont dit que *je, tu, se*, étaient des noms personnels. Le premier désigne la personne qui parle ;

le second la personne à qui on parle ; le troisième
marque un rapport d'identité avec le sujet.

Mais ces personnes peuvent être également
Pierre, *Jacques* ou *Paul*, et ne considérant que
je, par exemple, comme l'équivalent de *moi*,
Pierre ou *Paul* qui parle, on peut réellement le
regarder comme un pronom. Quoi qu'il en soit sur
leur dénomination, on n'en fera ici qu'une seule
cathégorie avec les autres pronoms personnels.

Le pronom en général est un mot qui sert à
rappeler l'idée d'une chose, d'une qualité, et
même d'une proposition déjà énoncée, dont la répétition deviendrait fatigante.

On a divisé les pronoms :

1.º En personnels, qui désignent les personnes ;

2.º En possessifs, qui marquent la possession
des choses ;

3.º En démonstratifs, qui indiquent l'objet dont
on parle ;

4.º En conjonctifs ou relatifs, qui ont rapport
à un nom ou à un autre pronom qui les précède,
et qu'on appelle *antécédent*. On s'occupera dans
ce chapitre de ceux qui servent simplement à réveiller l'idée d'une chose ou d'un être, sans lui
ajouter aucune modification.

Quant aux conjonctifs, démonstratifs et relatifs,
on les appelle tantôt adjectifs, et tantôt pronoms,
suivant leur emploi. Par exemple, dans la phrase :
Questi libri sono miei, ces livres sont à moi, le
mot *questi* est un adjectif, parce qu'il fait regarder
les livres en question sous un point de vue parti-

10

culier; et dans cette autre phrase : *Questi è felice,* celui-ci est heureux, ce même mot est un pronom, parce qu'il est à la place du nom de l'individu dont on parle. C'est ainsi que les mots changent de valeur et de nom selon l'usage qu'on en fait.

Je,	*io,*
De moi,	*di me.*
A moi, me,	*a me, mi,*
Moi, me,	*me, mi,*
De moi,	*da me.*
Nous,	*noi,*
De nous,	*di noi.*
A nous, nous,	*a noi, ci,*
Nous,	*noi, ci.*
De nous,	*da noi,*

Tu,	*tu.*
De toi,	*di te.*
A toi, te,	*a te, ti,*
Toi, te,	*te, ti,*
De toi,	*da te.*
Vous,	*voi.*
De vous,	*di voi,*
A vous, vous,	*a voi, vi,*
Vous,	*voi, vi,*
De vous,	*da voi,*

De soi,	*di se.*	
A soi, se,	*a se, si.*	
Soi, se,	*se, si.*	
De soi,	*da se.*	

Ce nom étant destiné à marquer un rapport d'identité avec le sujet, il est évident qu'il ne peut pas représenter le sujet lui-même.

———

Egli,	il ou lui,	*esso.*
Di lui,	de lui,	*di esso.*
A lui, gli,	à lui, lui,	*ad esso*
Lui, lo, il,	lui, le,	*esso.*
Da lui,	de lui,	*da esso.*
Eglino,	ils, eux,	*essi.*
Di loro,	d'eux,	*di essi.*
A loro, loro,	à eux, leur,	*ad essi.*
Loro, gli, li,	eux, les,	*essi.*
Da loro,	d'eux,	*da essi.*

———

Ella,	elle,	*essa.*
Di lei,	d'elle,	*di essa.*
A lei, le,	à elle, lui,	*ad essa.*
Lei, la,	elle, la,	*essa.*
da lei,	d'elle,	*da essa.*
Elleno,	elles,	*esse.*
Di loro,	d'elles,	*di esse.*
A loro, loro,	à elles, leur,	*ad esse.*
Loro, le,	elles, les,	*esse.*
Da loro,	d'elles,	*da esse.*

———

N.B. On emploie indistinctement *egli* ou *esso* pour l'homme; *ella* ou *essa* pour la femme; mais pour les choses on emploie ordinairement *esso* ou *essa*, quoiqu'il y ait quelques exemples contraires.

On voit que dans le rapport d'attribution ou datif, et que dans l'objet ou l'accusatif on dit : *Mi, ti, ci, vi, si;* on voit aussi que dans les pronoms *egli, ella* on dit: *gli, lo, il, le, la,* au singulier; *gli, li, le,* au pluriel. Or ces pronoms qu'on appelle aussi en italien *congiuntivi, o affissi verbali,* parce que leur place est toujours auprès du verbe, sont assujettis dans leurs emplois aux règles suivantes qu'il est très essentiel de bien apprendre.

I. Lorsque la phrase ne contient qu'un seul rapport d'attribution, ou un seul objet désigné en français par *me, te, vous, le, lui,* etc., le pronom doit être généralement rendu par les mots : *Mi, ti, ci, vi, si, lo, la, gli, le,* etc.: Que me dis-tu ? *che mi dici!* je ne te parle pas, *io non ti parlo;* il me paraît de le voir, *mi pare di vederlo:* que lui as-tu promis?, *che gli hai promesso,* parlant d'un homme, ou *che le hai promesso,* en parlant d'une femme.

II. On doit désigner le rapport d'attribution et l'objet par les mots : *Me, te, noi, voi, se, lui, lei,* etc., lorsqu'après l'un de ceux-ci il y a dans la même phrase un autre nom ou pronom sous le même rapport, et quand même ce second ne serait que sous-entendu, comme il arrive souvent lorsque la force du sentiment l'exige. Plusieurs exemples feront mieux connaître cette règle.

C'est à moi qu'il écrit et non pas à toi, *scrive a me e non a te:* on dit: *A me* et *a te*, parce que les deux rapports d'attribution se trouvent dans la même phrase, et on ne peut pas dire: *Mi scrive e non ti scrive.* Il la pria de vouloir agréer son amour et de l'aimer comme il l'aimait, *pregolla che'ella dovesse essere contenta del suo amore, e d'amar lui com'egli lei amava; lui* et *lei* sont ici tous deux objets du verbe *amare*, et ils sont dans la même phrase; Boccace ne pouvait donc pas dire *amarlo* au lieu d'*amar lui*, ni *la amava* au lieu de *de lei amava.* Lorsque Armide implore la protection de Godefroi, le Tasse lui fait dire au chant quatrième: *Te chiamo ed in te spero;* si elle avait dit *ti chiamo*, elle aurait dit simplement je t'appelle; mais en disant *te chiamo*, elle dit c'est toi seul que j'appelle, je n'appelle que toi; la phrase entière aurait pu être: *Chiamo te e non chiamo altri;* mais en supprimant par l'ellipse la dernière partie, on sent aisément combien l'expression a plus de force.

On croit aussi important d'avertir qu'on met toujours *me, te, lui, lei*, etc., après une préposition, et qu'un Italien ne dira jamais *a mi* pour *a me, per vi* pour *per voi*, etc.

III. Toutes les fois que *mi, ti, ci, vi, si*, précèdent *lo, la, gli, le, ne*, on change l'*i* des premiers en *e*, et on peut même en faire un seul mot, comme à la table suivante.

Melo.	*Telo.*	*Celo.*	*Velo.*	*Selo.*
Mela.	*Tela.*	*Cela.*	*Vela.*	*Sela.*
Megli.	*Tegli.*	*Cegli.*	*Vegli.*	*Segli.*
Mele.	*Tele.*	*Cele.*	*Vele.*	*Sele.*
Mene.	*Tene.*	*Cenc.*	*Vene.*	*Sene.*

On peut même retrancher l'*o* de *melo*, *telo*, s'il est suivi d'un autre mot qui ne commence ni par une voyelle, ni par un *s* suivi d'une autre consonne; mais quand il est suivi d'une voyelle, on peut mettre une apostrophe au lieu de l'*o*. Exemples : Vous me le gâtez, *voi mel guastate :* Nous vous les vendons; *noi vegli vendiamo*, si l'objet est masculin, ei *noi vele vendiamo*, si l'objet est féminin; ils nous l'écrivent, *eglino celo scrivona;* elle s'en pare, *ella sene adorna* ou *sen' adorna.*

IV. Toutes les fois qu'on réunit *lo*, *la*, *li*, *le*, *ne*, à *gli*, ce dernier doit les précéder, quoiqu'on dise en français *le lui*, *la lui*, etc., et l'on doit lier ensemble les deux pronoms, en plaçant un *e* entre les deux : *Glielo*, le lui; *gliela*, la lui (*glieli*, les lui, si *les* est masculin; *gliele*, si *les* est féminin); *gliene*, lui en; en ce cas, le pronom *glie* sert également pour les deux genres, quoique *gli* soit toujours masculin.

V. Les mots : *Mi*, *si*, *vi*, *lo*, *la*, *gli*, etc., ainsi que les composés *melo*, *tela*, *sene*, etc., peuvent se mettre avant ou après le verbe; mais l'usage veut, surtout dans la langue parlée, qu'aux secondes personnes de l'impératif (s'il n'est pas accompagné de la négation), à l'infinitif et aux participes on les mette après; et alors ces mots se joignent au verbe, de manière qu'ils ne forment qu'un seul mot: Je te suivrai, *io ti seguiterò*; arrêtez-vous un peu, *fermatevi un poco*; ne vous étonnez pas, *non vi meravigliate*; en vous montrant ses beautés éternelles, *mostrandovi le sue bellezze eterne*; il m'est bien cher de t'avoir trouvée, *io ho caro d'averti trovata*; l'ayant vu, *vedutolo*; laisse-moi aller à sa rencontre et le saluer, *lasciamegli fare incontro e salutarlo*; les ayant un jour appelés dans sa maison, elle leur dit : *Un giorno in casa sua chiamatigli disse loro.*

Le pronom *loro*, comme on le voit ci-dessus, ne se réunit pas au verbe; mais dans le style familier on le place ordinairement après.

VI. Lorsque l'infinitif est suivi d'un ou de plusieurs de ces monosyllabes, on retranche l'*e* final afin de donner à l'expression plus de force et de rapidité. On écrira donc : *Parlarvi*, vous parler ; *vedermi*, me voir; *amarlo*, l'aimer; *dirtelo*, te le dire, etc., au lieu de *parlaremi*, *vederemi*, *amarelo*, etc. Si l'*e* final de l'infinitif est précédé de deux *r*, indépendamment de l'*e*, on retranchera un de ces deux *r*, et l'on écrira : *Condurmi*, me conduire, *porlo*, le placer; au lieu de *condurrmi*, *porrlo*, etc.

VII. Lorsque les mots : *Mi, ci, ti, lo, la, ne*, etc., sont précédés d'un verbe dont la dernière voyelle est accentuée, on supprime l'accent du verbe, et on redouble la consonne du pronom : Dis-moi, *dimmi* au lieu de *dì mi;* fais-le de suite, *fallo subito* au lieu de *fà lo subito; amerotti sempre* au lieu de *amerò ti sempre,* je t'aimerai toujours.

Observations.

On dit en italien : *Eccomi,* me voici ; *eccoti,* te voici ; *eccoli,* les voilà, etc. , parce que dans ces phrases les mots : *Mi, ti, li,* sont l'objet d'un verbe supprimé par l'ellipse : *Eccomi che domandi tu,* me voici, que demandes-tu ; c'est-à-dire *ecco mi vedi,* etc.

Au lieu de dire : *con me, con te, con se,* on peut dire *meco, teco, seco;* et en vers on dit aussi : *Nosco, vosco,* pour *con noi, con voi;* on emploie quelquefois *ei* ou *e'* pour *egli,* comme : *Ei dice,* il dit ; *e' tocca,* il touche ; mais on ne doit jamais s'en servir devant une voyelle, et ce serait une faute que de dire : *E' ama, ei adora,* il faut dire : *Egli ama, egli adora,* etc.

Au lieu du pronom *lo,* on emploie quelquefois avec beaucoup de grâce *il:* Je le vois, je le sens, *il veggo, il sento ;* mais cela ne peut se faire que devant les verbes qui ne commencent ni par une voyelle, ni par un *s* suivi d'une autre consonne.

Il en est de même pour le *nol,* mot formé de la négation *non* et du pronom *il* liés ensemble : Je ne le nie pas, *io nol niego;* on peut dire aussi :

Io non lo niego ; mais la première expression a plus de grâce.

Il importe de savoir que dans certaines phrases où les Français emploient l'adjectif possessif, les Italiens lui substituent le plus souvent le pronom personnel *gli*, à lui; *le*, à elle. Le Français dit : Il se jeta à ses pieds; l'Italien aimera mieux dire comme Boccace : *Gli si gittò a piedi.* Que les étudians ne négligent pas cette différence , aussi nécessaire à savoir, que facile à laisser échapper.

Les pronoms *lui, elle, eux, elles,* doivent être traduits en italien par le pronom personnel *se,* dans quelque rapport que ce soit, toutes les fois qu'ils se rapportent au sujet de la proposition. Ainsi on dira : Il parle de soi-même, il fait du mal à soi-même, etc., *parla di se stesso, nuoce a se stesso :* la justice comprend en elle-même toutes les vertus, *la giustizia comprende in se tutte le virtù.* Enfin, en parlant ou en écrivant à quelqu'un , à la troisième personne, comme on parle à sa Seigneurie, *sua Signorìa,* il faut se servir du pronom féminin *ella,* elle : *Ella mi faccia il favore,* accordez-moi la faveur: *la supplico,* je vous supplie; *non potrei dirle con quanto gusto io legga sempre le cose, che mi sono avvisate da lei,* je ne saurais vous dire avec quel plaisir je lis toujours les choses que vous m'écrivez.

On dit en français : J'ai été trompé moi-même. Il ne m'épargna pas moi-même. Toi qui me parles, tu en ferais autant. Toi qui le flattes, il ne t'en méprise pas moins. Il ne le croit pas lui-même. Je l'ai vu lui-même, etc. En traduisant des phrases semblables en italien, il faut bien examiner si les pronoms *moi, toi, lui*, etc., se rapportent au sujet ou bien au régime du verbe; car dans le premier cas on les traduit par *io, tu, egli*, etc, et dans le second par *me, te, lui*, etc. : *Sono stato io medesimo ingannato. Non risparmiò neppur me stesso. Tu, che mi parli, ne faresti altrettanto. Ei non disprezza meno te, che lo a duli. Non lo crede egli stesso. Ho veduto lui medesimo.*

DE PLUSIEURS PRONOMS QUI DEMANDENT UNE ATTENTION PARTICULIÈRE.

Questi, codesti, quegli, sont employés au singulier pour montrer un seul homme, et simplement pour le sujet de la proposition; de manière qu'on dira : *Questi parla bene; cotesti viene da Napoli; quegli è felice.* Mais on ne dira pas : *Parlo di questi; scrivo a cotesti; mando quegli*, etc. ; car hors du sujet, *questi, cotesti, quegli*, ne sont plus que les pluriels de *questo, codesto, quello*, etc.

Altri signifie *altra persona*, un autre, une autre personne; et ce pronom peut être employé dans tous les rapports : *Altri era pur nella camera*, un autre était aussi dans la chambre.

Altri che signifie : Aucune autre personne que *Altri non veggo, di altri non m'occupo, ad altri non penso che a Laura.*

Altri est aussi employé dans les énumérations, comme *chi :*

Altri fa remi, ed altri volge sarte (DANTE.).

Les uns font des rames, les autres tournent des cordages.

Accorre altri alle porte, altri alle mura (TASSE.).

Les uns courent aux portes, les autres aux remparts.

Altrui, autrui. Devant ce mot l'ellipse peut supprimer la préposition *di* dans le rapport de qualification, et la préposition *a* dans le rapport d'attribution : *Non si deve invidiare la gloria altrui*, on ne doit pas envier la gloire d'autrui ; *l'uomo veramente buono sovente pensa altrui prima che a se stesso,* l'homme vraiment bon pense souvent à autrui avant que de penser à lui-même.

Quand on dit : *Mangiar l'altrui : tor l'altrui ; invidiar l'altrui,* et d'autres expressions semblables, la phrase est elliptique, et on y sous-entend toujours *il bene,* le bien, et la préposition *di : Non è giusto chi desidera tor l'altrui,* celui qui désire de prendre le bien d'autrui n'est pas juste.

Costui, cet homme-ci ; *costei,* cette femme-ci ; *costoro,* ces hommes ou ces femmes-ci, sont des pronoms qui peuvent être employés dans tous les rapports ; mais ils expriment heureusement l'idée lorsque dans le discours on s'en sert comme termes de mépris ou d'indignation, et ils désignent un objet près de celui qui parle. Ainsi on dirait, par exemple : *Chi è costei !*, voyant une femme méprisable ; *che voglion costoro !*, voyant une bande de voleurs, etc.

Colui, colei, coloro, celui-là, celle-là, ceux ou celles-là, ne peuvent désigner que des êtres raisonnables et éloignés : *Colui che vedi è un gran letterato,* celui-là que tu vois est un savant distingué ; *chi son coloro, che ci vengono incontro !* etc.

Lorsque par transposition on place les pronoms *costui, colui,* etc., entre l'article et le nom, on sous-entend la préposition *di,* qu'il faut nécessairement supprimer par l'ellipse. Ainsi on dira : *Nel costui regno,* dans le royaume de celui-ci. Mais on ne dira pas : *Nel di costui regno.* Par le conseil de cet homme-là, *per lo colui consiglio ;* au cri de celle-là, *al colei grido,* etc.

On trouve dans les anciens, mais rarement employés, les pronoms *cotestui,* cet homme-ci ; *cotestei,* cette femme-ci, qui ont pour pluriel *cotestoro.* Ils désignent un objet près de la personne à qui l'on parle : *Perchè battete voi cotestoro !*, pourquoi frappez-vous ces gens ?

Desso, dessa, signifient *egli stesso, ella medesima,* c'est-à-dire qu'ils marquent l'identité de la personne dont on parle, comme : *Lo veggo, è desso ;* je le vois, c'est lui-même.

DES PRÉPOSITIONS.

La préposition est un mot invariable qui sert à marquer les rapports que les mots ont entr'eux. Le mot qui suit la préposition en est le régime ou le complément. Ce mot peut être non-seulement un nom, mais un pronom, un adjectif, et même l'infinitif d'un verbe qui, précédé de la préposition, tient la place d'un nom : La sagesse de Dieu est immense, *la sapienza di Dio è immensa ; viaggia da ricco*, il voyage en homme riche; *penso a lei*, je pense à elle; *alcuni sono tanto infelici, che sono forse più propensi per morire che per vivere*, quelques-uns sont si malheureux, qu'ils ont peut-être plus de penchant pour la mort que pour la vie.

C'est une erreur que de croire qu'une préposition est quelquefois à la place d'une autre, et qu'elle désigne tantôt un rapport, tantôt un autre, et très souvent des vues tout à fait opposées. Chaque préposition, en italien, n'a qu'un seul emploi, une seule acception, et se montre toujours sous le même point de vue; ce n'est que par analogie et par métaphore qu'elle a reçu une multitude de sens différens, mais toujours analogues.

De la préposition di.

Cette préposition est destinée à qualifier un nom par un autre, comme on le ferait par un adjectif; ou en d'autres termes, elle exprime le rapport d'extraction ou de qualification. Ainsi *scettro di ferro* est comme *scettro ferreo*: *casa di Roma* est comme *casa Romana; statua di marmo* est comme *statua marmorea.* On voit que *ferro* et *marmo* sont les matières dont on a extrait le sceptre et la statue, que *Roma* est le nom qui qualifie la maison pour la distinguer d'une maison de Naples ou de Milan, etc.

On a dit que cette préposition remplaçait quelquefois les prépositions *a, con, da, in, per, tra;* mais c'est l'ellipse qui supprime le premier mot, dont la préposition *di* avec son complément marquent l'extraction ou la qualification.

On rétablit entre parenthèses, dans les exemples suivans, ce que l'ellipse a supprimé.

1. *Aver invidia di uno.*	1. *Aver invidia (alla fortuna) di uno.*
Non usato di tali servigi.	*Non usato (all'esercizio) di tali servigi.*
2. *Passato di quella lancia.*	2. *Passato (con un colpo) di quella lancia.*
Ferito di saetta.	*Ferito (con un colpo) di saetta.*

3. *Trapassare di questa vita.* } 3. *Trapassare (dal soggiorno) di questa vita.*

Partire di Roma. } *Partire (dalla città) di Roma.*

4. *Lavorar di giorno, e di notte.* } 4. *Lavorar (in tempo) di giorno, e di notte.*

Nascere del tal anno. } *Nascere (nel corso) del tal anno.*

5. *Lagrima di allegrezza.* } 5. *Lagrima (per cagione) di allegrezza.*

Il cielo è oscurissimo di nuvoli. } *Il cielo è oscurissimo (per oscurità) di nuvoli.*

6. *Esser di guardia, di servigio, etc.* } 6. *Esser (tra quelli che sono nello stato) di guardia, (nell' occupazione) di servizio, etc.*

Desidero di avere. } *Desidero (il piacere) di avere.*

A me tocca di andare. } *A me tocca (l'incarico, o il dovere) di andare.*

Casa del principe. } *Casa (che è proprietà) del principe.*

Del principe est aussi le qualificatif de *casa* pour la distinguer des autres maisons.

Il est donc démontré que la préposition *di* ne peut jamais se trouver qu'entre deux mots, dont le second qualifie le premier qui a été supprimé par l'ellipse.

Des prépositions a *et* in.

La première de ces prépositions indique un rapport ou d'existence en un lieu, ou de mouvement vers un lieu, mais d'une manière indéterminée.

La seconde indique les mêmes rapports, mais d'une manière précise et déterminée.

On dit :

Corro al pozzo, vo a Roma ; je cours au puits, je vais à Rome ; parce que ma direction est vers ces lieux. Au contraire : *È caduto nel pozzo, è entrato in casa ;* il est tombé dans le puits, il est entré dans la maison ; parce qu'il est réellement entré dans le puits, dans la maison.

C'est pourquoi tous les verbes exprimant un mouvement vers un lieu reçoivent la préposition *à* ou *in,* suivant la circonstance qu'on veut exprimer ; *Va a Parigi,* exprime qu'il va vers Paris ; *va in Parigi,* exprime qi'il va séjourner dans Paris.

L'analogie qui existe entre la manière d'être dans un lieu, et celle d'être dans le temps a fait qu'on exprime celui-ci de même, et suivant que l'on veut indiquer le temps d'une manière déterminée ou indéterminée : *Andrò a pranso ad un'ora ; scrive tre lettere in un'ora.* Dans le premier cas, je dis que je vais dîner vers une heure ; et dans le second, qu'il écrit trois lettres dans une heure.

C'est encore par la même analogie qu'on emploie la préposition *a* devant le terme auquel tend l'action d'un sujet quelconque. En voici plusieurs exemples qui prouveront, à celui qui réfléchit, la vérité de ce principe : *Fare un muro a filo*, faire un mur à fil ; *scala a lumaca*, escalier en limaçon ; *cadere a piombo*, tomber d'aplomb ; *giuocare a palla, a scacchi, alle carte*, jouer à la balle, aux échecs, aux cartes, etc. ; *spesso il pianto succede al riso*, souvent les pleurs succèdent au rire ; *far testa all' avversa fortuna*, faire tête à la fortune adverse ; *chiuder l'orecchie al suono delle lusinghe*, fermer l'oreille à la voix des flatteurs ; *non son disposto nè a fingere, nè ad adulare, nè a servire :* je ne suis disposé ni à feindre, ni à flatter, ni à servir ; *è lavorato à perfezione ; è fatto a meraviglia*, etc.

Mais quand on veut marquer l'action d'une manière plus précise, on se sert de la préposition *in*, et l'on dit : *In quella occasione*, dans cette occasion-là ; *in questa circostanza*, dans cette circonstance-ci ; *la gioja si cangia sovente in pianto*, la joie se change souvent en pleurs ; *non so in quale miracolosa maniera ciò siasi fatto*, je ne sais de quelle manière prodigieuse cela s'est fait, etc.

C'est aussi par la tendance qu'on a à la manière d'être ou de faire qu'on dit : *A chiome sciolte, a braccia aperte ad occhi chiusi, a mani giunte*, avec les cheveux épars, les bras ouverts, les yeux fermés, à mains jointes, etc. ; *a suon di tromba*, au son de la trompette ; *a briglia sciolta*, à bride abattue.

Quand on dit d'un objet qu'il est *fatto alla greca, alla turca, alla romana*, etc., il y a ellipse, c'est-à-dire *fatto simile alla foggia greca, alla maniera turca ; alla guisa romana*, etc. C'est de même en disant : *Ha fatto poco a quel che doveva fare* (*poco*, rispetto a quel, etc.).

Ainsi qu'on ait soin de bien rétablir dans la phrase les mots supprimés par l'ellipse, et l'on sera convaincu que la préposition *a* marque toujours la tendance à un objet, et ne tient jamais lieu d'autre préposition comme quelques grammairiens l'ont prétendu.

Quelquefois pour exprimer avec plus de force le terme où se dirige et se fixe pour ainsi dire l'action du sujet, on se sert de la préposition *in* : Ma pensée est toujours dirigée vers elle, *Il mio pensiero sempre si volge in lei. In lei* au lieu de *a lei*, a plus de force.

De la préposition da.

La préposition *da* est destinée à indiquer le rapport d'éloignement. Je viens de Naples, *vengo da Napoli*. Mais ce rapport d'éloignement ne s'aperçoit pas toujours avec la même facilité. Quelquefois il faut considérer l'origine d'où part une

action, d'où elle dépend, d'où elle s'éloigne pour
ainsi dire : *Cartagine fu fabbricata da Didone, e
distrutta da Scipione ; da Didone, da Scipione,*
parce que c'est de Didon que partit l'action de
bâtir Carthage, et de Scipion que partit celle de
la détruire ; *dall' ambizione, e dall' avarizia nascono le principali nostre sciagure ; dall' ambizione,
e dall' avarizia,* parce que c'est de ces deux causes que nos malheurs partent, qu'ils tirent leur
origine. C'est ce que les Français expriment souvent avec la préposition *par : Si sentì piagato da
una saetta d'oro,* il se sentit blessé par une flèche
d'or. C'est encore de la *saetta* que partit l'action
de blesser.

Lorsqu'on dit : *Raffaello da Urbino, i Caracci
da Bologna;* c'est encore un rapport d'éloignement; c'est-à-dire *Raffaello (venuto per nascita)
da Urbino, i Caracci (venuti per loro origine) da
Bologna,* etc.

Les exemples suivans où l'on a remplacé ce qui
est supprimé par l'ellipse, donneront encore plus
d'habitude aux étudians pour reconnaître que la
préposition *da* marque toujours l'éloignement.

Vino da famiglia. Vin de domestique.	*Vino da (cui la) famiglia (prende il bere, o è ab- beverata.)*
Donzella da marito. Demoiselle à marier.	*Donzella da (cui si ha diritto d'aver un) ma- rito*

Gioje da donna.
Joyaux de femme. } *Gioje da (cui le) donne (prendono il loro ornamento.)*

Materia da crudeli ragionamenti.
Matière de cruels raisonnemens. } *Da (cui nascono) crudeli, etc.*

Zueca da sale.
Boîte à sel. } *Zueca da (cui si prende, o si contiene il) sale.*

Botte da olio.
Tonneau à huile. } *De même, etc.*

Pazzo da catena.
Fou à enchaîner. } *Pazzo da (cui dovrebbe portarsi la) catena.*

Mulo da soma.
Nave da carico. } *Da (cui si porta) soma, carico.*

Cesta da polli.
Cage à poulets. } *Cesta da (cui si tengono i) polli.*

Arbori da frutti.
Arbres à fruits. } *Arbori da (cui vengono) frutti.*

Terreno da viti.
Terre à vigne. } *De même, etc.*

Carta da scrivere.
Libro da leggere. } *Da (cui si abbia mezzo di) scrivere leggere.*

Bottega da calzolajo, da sartore, da fabbro, da falegname, da caffè, etc.	Bottega (abitata) da (un) calzolajo, ou da (cui si contiene un) fabbro, etc.
Datemi da cena.	(Qualche cosa) da (cui prenda la mia) cena.
Non ho da poterlo servire.	Non ho (mezzi) da (cui possa trare il) poterlo.
Portar amor da padre.	Amor (come si posta) da (un) padre.
Amarlo da figliuolo.	Amarlo (come si ama) da (un) figliuolo.
Cavallo da sella, da tiro.	Cavallo da (cui si presta servizio di) sella, tiro.

Par les exemples ci-dessus, on voit que les mots qui sont précédés de la préposition *da* sont regardés comme le terme d'où tel ou tel être tire ses qualités, ses disposisions, et ce qu'il est. C'est par cette même raison qu'on dit en italien : *Uomo da molto, da poco, bestia da nulla, abito da corte, camera da letto, azione da galantuomo, uccello da rapina, imprudenza da giovane, consiglio da savio, senno da vecchio, malattia da non guarire, circostanza da ricordarsi,* et mille autres expressions semblables. *La donna dalle bionde chiome, dagli occhi neri,* c'est-à-dire *la donna (che è distinta) dalle,* etc., la femme qui est distinguée par ses blonds cheveux, par ses yeux noirs, etc.

C'est encore par la même raison qu'on dit : *Verrò da voi, prese alloggio da me, vo da lui;* ce que

(130 .)

les Français expriment par chez vous, chez moi,
chez lui. *Voi, me, lui*, dans ces expressions et
semblables, sont les termes d'où partent les motifs qui font agir.

Quand on dit: *Passa molto spesso da casa mia*,
c'est que *da casa* est le terme d'où la personne s'é-
loigne en passant.

On dit aussi : *Da quel giorno, da quel mese, da
quel tempo*, depuis ce jour, ce mois, ce temps-là,
parce que le temps dont on parle est le terme d'où
l'événement commence. Si l'on disait: *Dopo quel
giorno, dopo quel mese*, etc., l'expression ne serait
pas exactement la même. La première indique que
ce qui s'est passé a commencé immédiatement
après l'époque déterminée; et la seconde exprime
simplement que ce qui s'est passé se trouve entre
l'époque désignée et le moment de la parole; mais
il peut être plus ou moins rapproché de la première
époque. *Da* signifie depuis; *dopo* après: *Da tre mesi
non mi sento bene* veut dire que depuis trois mois
je ne me porte pas bien; mais si je dis: *Dopo tre
mesi nen mi sento bene*, après trois mois, etc., il
paraîtrait alors au contraire que pendant les trois
mois je me suis bien porté, et que mon indispo-
sition n'a commencé qu'après. *Tengo casa da me*,
je tiens ma maison séparément; *fai gli affari da
te*, tu fais tes affaires par toi-même; *vive da
se*, il vit tout seul, et autres phrases semblables.
La préposition *da*, devant les noms personnels,
comme on le voit dans les exemples ci-dessus, désigne encore un rapport d'éloignement, car si

chacun agit séparement, il est évident qu'il doit s'éloigner de tous les autres.

La torre è forte da se, la tour est forte par elle-même, c'est-à-dire, c'est d'elle-même que vient sa force.

Vi erano da venti persone ; on dit *da venti,* parce que c'est du nombre vingt que les personnes prennent leur détermination, ou en d'autres termes c'est par l'adjectif *venti* que le nombre des personnes est fixé.

Il faut le répéter encore une fois, les principes d'après lesquels on vient d'expliquer l'emploi de la préposition *da,* paraîtront un peu abstraits aux étudians ; mais ils seraient encore plus embarrassés par les faux principes de quelques grammairiens qui disent que la préposition *da* est tantôt à la place de *di,* tantôt à celle de *per,* de *con,* de *onde,* de *dopo,* etc. C'est peut-être le chapitre le plus difficile à être bien senti, mais sans y réfléchir un peu, on ne connaîtra jamais bien l'esprit de la langue italienne.

De la préposition per.

I. Cette préposition dans sa première origine a été destinée à désigner le rapport du lieu par où l'on passe : *Passai per Firenze ; andai per la selva ; viaggiai per monti alpestri, e scoscesi ; venni per la Provenza,* etc.

C'est pour cela que le Dante, en parlant de la porte de l'enfer, dit :

> « *Per me si va nella città dolente ;*
> « *Per me si va nell' eterno dolore ;*
> « *Per me si va tra la perduta gente.* »

II. Après ce premier usage de la préposition *per* on a exprimé par analogie, de la même manière, un espace de temps qu'on avait à parcourir, et on a dit : *Per un' ora ; per un anno ; per tre secoli,* etc. Dans ce cas l'ellipse peut supprimer la préposition *per* : *Ravenna stà com' è stata molt' anni,* Ravenne reste comme elle a été pendant beaucoup d'années. Si l'on dit : *Camminai vent' ore senza riposarmi,* ou *camminai per vent' ore,* etc. La phrase est la même, si ce n'est que dans la première on a supprimé par ellipse la préposition *per.* C'est par cette analogie qu'on dit : *Prestatemi il vostro cavallo per tre giorni ; vi darò cento scudi per due anni ; Guadagna cento franchi per mese.* Dans toutes les expressions semblables la préposition *per* désigne le temps qu'on doit parcourir pour l'accomplissement de telle ou telle autre chose.

III. C'est encore par analogie que l'on exprime la descendence de la même manière que le lieu par où l'on passe : *Discende per Linea retta da Cosimo Medici. Per padre è nobile, ma non per madre. Per tre generazioni la famiglia Gennari fu illustre.*

On a ensuite considéré en quelque sorte un effet comme passant par la cause qui l'a produit, et l'on a encore exprimé ce rapport de la même manière que celui du lieu par où l'on passe. Ainsi l'on dit : *È morto per dolore; è pazzo per amore; fatelo per mio riguardo. Che non farei per dimenticare il passato! Ho conosciuto per una amara esperienza quanto si soffre per l'altrui frivolità.* De là le motif ou le moyen qui nous porte à telle ou telle opération, est exprimé de même : *Per ritrovar qualche riposo alcuni viaggiano pel mondo, altri lo cercano per le solitudini.* Dans cet exemple, le premier *per* marque le motif qui est de chercher quelque repos; les deux autres *per* marquent les lieux par où l'on passe pour le chercher.

C'est enfin par la même analogie entre l'effet et les manières, ou entre l'effet et les circonstances, qu'on dit : *Parlar per parabole; esprimersi per metafora; trovar per caso; veder per accidente ; tenere per fermo; creder per vero.* Les deux premiers exemples montrent par la préposition *per*, le moyen avec lequel on parle et on s'exprime; dans les deux suivans, la préposition *per* marque les manières ou les circonstances, et dans les deux derniers, la préposition *per* marque le motif par lequel on agit; car si je dis : *Tengo per fermo, e credo per vero che l'uomo è buono;* je retiens et je crois, d'après le motif, d'avoir fixé dans mon esprit, et reconnu comme vrai le principe que l'homme est bon.

12

Per quanti pensieri abbia, non mi occupo, che d'un solo. Fu un gran rumore udito, che per le fanti, e famigli si faceva. Il così dire, e il dargli di questa lancia per lo petto fu una cosa. Prender uno per un altro, etc. Qu'on analyse tous les exemples donnés dans cet article, et d'après les principes établis on reconnaîtra que l'emploi de la préposition *per* ne s'en écarte jamais.

De la préposition con, avec.

Cette préposition est destinée à marquer le rapport de compagnie : *Quivi con molta famiglia, con cani, e con uccelli, in conviti, ed in festa, a guisa di baroni, comminciarono a vivere. Passa la vita con i parenti, e gli amici in una sua villa.*

Les instrumens dont nous nous servons dans une opération quelconque, peuvent être considérés comme nos compagnons pendant l'action, c'est pourquoi l'on dit: *Cucir coll' ago*, coudre à l'aiguille; *lavorar colla lima*, travailler avec la lime; *Raffaelle col suo pennello, Canova col suo scalpello, e Tasso con la sua penna difenderanno sempre la gloria d'Italia dagli esteri Zoili.*

On exprime enfin par la préposition *con* la manière dont on fait une chose, et l'on dit : *Con piacere, con pena con soddisfazione,* etc. *L'onest' uomo guadagna il pane con fatica, l'iniquo con inganno, e con frode.*

Il est essentiel de remarquer que lorsqu'un sujet singulier est accompagné d'un ou de plusieurs autres noms, les adjectifs et les verbes suivans doivent être exprimés au singulier, si la pensée de celui qui parle s'arrête singulièrement sur le sujet même; mais si la pensée se porte également sur tous les individus, et les voit tous agir de même; dans ce cas, les verbes et les adjectifs doivent être exprimés au pluriel. Donc si je dis : *Atila coi suoi barbari mise a ferro, ed a fuoco l'Italia*, alors ma pensée s'arrête singulièrement sur l'action d'Atila. Si je dis : *Atila coi suoi barbari misero a ferro, ed a fuoco l'Italia*, alors je vois tous les barbares conduits par Atila dévaster avec lui l'Italie; *il principe con i suoi consiglieri comminciò a ragionare*, c'est alors le prince qui raisonne; *cominciarono a ragionare*, alors c'est le prince et les conseillers qui raisonnent tous ensemble; *la reina con l'altre donne insieme coi giovani a carollar cominciarono*. Boccace a dit *cominciarono*, parce qu'ils commencèrent tous à danser ensemble.

Des prépositions fra *ou* infra, tra *ou* intra,

entre ou *parmi*.

Quant au sens, chacun de ces mots signifie la même chose; la seule différence, c'est que les deux composés *infra* et *intra* n'appartiennent point à la langue parlée.

Ces prépositions marquent le rapport d'existence d'un objet entre plusieurs autres : *Lione giace tra*

il Rodano, e la Saôna; tra le diverse razze di ca-
valli sono pregiatissimi gli Arabi.

Des idées sensibles l'analogie nous a portés aux
idées abstraites, et l'on dit en conséquence : *Stare*
fra il timore, e la speranza; vivere fra due; stare
frà 'l sì e 'l no. Et comme deux motifs peuvent
également vous exciter, c'est pour cela qu'on dit:
Tra una ragione, e l'altra mi determinai, etc.;
tra l'agricoltura ed il commercio, preferisco la
prima.

C'est encore par analogie qu'on dit : *Fra un'ora,*
dans une heure; *fra due anni,* dans deux ans; *fra*
tre giorni, dans trois jours, etc., c'est-à-dire que
l'action doit avoir lieu entre deux termes déterminés, dont le premier est le commencement, et le
second est la fin de l'époque fixée : *Fra un anno*
cangerà la vostra sorte, à commencer d'aujour-
d'hui, et à finir dans un an, votre sort sera changé;
et pourvu que ce changement arrive entre ces deux
époques, peu importe qu'il s'opère ou tout à la
fois, ou progressivement, dans un mois plutôt
que dans un autre. Ainsi : *Fra un anno* est une
expression bien différente de celle: *Dopo un anno,*
ou de l'autre : *Prima di un anno.*

On dit aussi: *Incontrar uno tra via,* rencontrer
quelqu'un en chemin, comme l'on dirait : *Tra*
Lione e Marsiglia, parce qu'on considère les deux
extrémités du chemin entre lesquelles se trouve le
point de la rencontre.

Va dicendo fra se, vo pensando tra me, etc.
Toute expression semblable marque par la pré-

position *tra* que le discours ou la pensée est circonscrit entre les bornes, pour ainsi dire, de la personne même, et qu'aucun autre n'y participe. Toutes les fois qu'on trouvera employée la préposition *tra*, l'analyse fera connaître qu'elle ne l'est jamais que d'après les règles expliquées ci-dessus.

Les grammairiens mettent au rang des prépositions plusieurs adjectifs ou adverbes qui n'en sont pas. Par exemple : *Fino infino, sino insino,* qui tous signifient *jusques,* ne font qu'exprimer avec plus d'exactitude une nuance de la pensée, et donnent à la phrase une force particulière. En disant : *Viene da Napoli,* ou *viene sino da Napoli; va a Mosca,* ou *va infino a Mosca,* on sent aisément que par les mots *sino, infino,* on veut exprimer une pensée de plus relative, ou à la longueur, ou à la difficulté du voyage, etc.

Que ce soit une règle générale pour les étudians, que « quand un mot, quel qu'il soit, comme *presso,* « *lungi, dentro, fuori, venire, andare,* etc., mar-« que un mouvement de direction vers un objet, « le nom qu'exprime cet objet, doit être précédé « de la préposition *a,* et que quand il marque un « mouvement contraire, le terme d'où il part, « doit être précédé de la préposition *da :* » *Andava a Firenze, e sino a Bologna presso alle mura della città viaggiò col fratello; ma partendo da Bologna, non lungi da Firenze quando si credea fuori da ogni pericolo, essendo solo, fu assalito, e spogliato da due ladri, che gli tolsero fino alla camicia.*

Après les mots *fino* et *presso*, on peut supprimer par l'ellipse la préposition *a*, et l'on peut dire *presso le mura ; fino la camicia ; assiso presso un limpido fonte, osservava la natura, e vedeva che fin le piante sentono la forza d'amore.*

L'analyse fera connaître aussi qu'une quantité des mots considérés par quelques grammairiens comme des adverbes, sont de véritables prépositions. Par exemple : *In mezzo,* au milieu ; *in fondo,* au fond ; *in capo,* au bout ; *in contro,* au-devant ; *contro,* contre ; *dentro,* dedans ; *fuora* ou *fuori,* hors ; *sopra,* sur ; *sotto,* sous ; *circa,* autour, environ ; *avanti, davanti,* avant, devant ; *dietro, dopo,* derrière, après ; *dirimpetto, in faccia,* vis-à-vis ; *presso, appresso,* près, après, auprès ; *accanto, accosto,* à côté ; *lungi, lontano,* loin ; *oltre,* au-delà ; et beaucoup d'autres mots semblables exigent de l'habitude pour en connaître, par l'analyse, la vraie signification, ainsi que leur véritable emploi.

DE L'ADVERBE.

L'ADVERBE est une expression invariable, destinée à modifier l'idée d'un nom, d'un verbe, d'un adjectif, et quelquefois même d'un autre adverbe, pour en exprimer les manières et les circonstances. On a dit *expression* et non pas *mot*; car on verra ensuite que tous les adverbes ne sont pas composés d'un seul mot. L'adverbe et la préposition diffèrent l'un de l'autre, en ce que la préposition a toujours un objet ou régime exprimé ou sous-entendu, et que l'adverbe n'en est pas susceptible. C'est à cause de ce régime supprimé par l'ellipse, que souvent on a pris pour adverbe un mot qui est réellement une préposition. Tels sont par exemple : *Accanto, allato, accosto,* à côté, près, en comparaison; *anzi,* avant: *Anzi la mia morte,* avant ma mort.

> *Con povertà volesti* anzi *virtute,*
> *Che gran ricchezza posseder con vizio.*

On a classifié les adverbes ainsi qu'il suit:

I. Les adverbes de *manière*, c'est-à-dire qui expriment la manière dont les choses se font, comme *dolcemente, modestamente, facilmente*, etc.

(140)

1.° Il faut remarquer que les adverbes de cette espèce sont en plus grande partie composés d'un adjectif et du substantif *mente*, dérivé du mot celtique
ment, qui signifie manière, ou, suivant d'autres,
du mot latin *mens*, qui signifie esprit; et comme
mente est féminin en italien, il s'ensuit que l'adjectif s'accorde toujours, et que lorsqu'il finit en
o, l'on change l'*o* en *a* : *dolorosamente*, *leggiadra-
mente*, etc.

2.° Il s'ensuit aussi que, lorsqu'on veut exprimer un de ces adverbes au superlatif, c'est l'adjectif qui doit changer en *issima*, comme *dol-
cissimamente*, *facilissimamente*, *modestissima-
mente*, etc.

3.° Lorsque l'adjectif est terminé par *le* ou *re*,
on retranche la dernière voyelle pour rendre l'expression plus agréable à l'oreille, comme dans les
adverbes *difficilmente*, *inferiormente*, etc.

4.° Quelquefois le simple adjectif est employé
comme adverbe: *Parlate forte; andate piano;* c'est-
à-dire *parlate (in tuono) forte; andate (in modo)
piano*, parlez haut, marchez doucement, etc.

II. Les adverbes de *temps* qui expriment l'époque où une chose eut, a, ou aura lieu. Tels sont:
allora, alors (abrégé d'*a quell'ora*); *ancora*, encore; *già*, jadis, déjà; *giammai*, *mai*, jamais;
sempre, toujours; *jeri*, hier; *oggi*, aujourd'hui;
domani, demain; *posdomani*, après-demain; *ades-
so*, *ora*, à présent, etc.

III. Les adverbes de *quantité*, qui expriment la quantité d'une chose quelconque, comme *molto*, *assai*, beaucoup; *poco*, peu; *abbastanza*, assez; *troppo*, trop; *guari*, guères, etc.

IV. Les adverbes de *comparaison*, tels que *sì* ou *così*, si, aussi; *come*, comme; *più*, plus; *meno*, moins; *tanto* ou *altrettanto*, tant, autant; *quanto*, combien, etc.

V. Les adverbes de *lieu*, qui expriment l'endroit où la chose se passe. Tels sont les suivans : *Ci*, *quì*, *quà*, ici, y (où est la personne qui parle); *costì*, *costà*, *costinci* (lieu où est la personne à qui l'on parle); *là, colà, vi, ivi*, là, y (lieu éloigné et de celui qui parle, et de la personne à qui l'on parle). La différence qui existe entre *quì*, *costì*, et *quà costà*, c'est que les deux premiers désignent un lieu plus circonscrit; on dira par exemple *quì*, *e quà d'intorno*, ici et dans ces environs; *quinci*, de ce côté-ci; *quindi*, de ce côté-là ; *su*, en-haut ; *giù*, en-bas; *lassù*, là-haut; *quaggiù*, ici-bas; *ove*, *dove*, où ; *onde*, *d'onde*, d'où, etc.

VI. Les adverbes d'*ordre*, comme *prima*, *primieramente*, premièrement; *poi*, ensuite. etc. Il faut remarquer que souvent le mot *prima* est suivi de la préposition *di*; dans ce cas, il y a toujours une ellipse : *Prima d'andar a divertirvi compite il dover vostro; prima (rispetto al tempo) di*, etc.; *partirò prima di te; partirò (in ora) prima (rispetto alla* *partenza*) *di te.* En conséquence, devant traduire par exemple : Tu iras avant moi ; on dira : *Andrai prima di me,* et non pas *prima me.* C'est si vrai que si on dit : *Sentite prima me,* ou *sentite prima di me,* etc., on énonce deux propositions bien différentes ; la première dit : Écoutez-moi d'abord, et la seconde : Avant moi écoutez, etc. A la rigueur, le premier est adverbe, et le second préposition.

VII. Les adverbes *affirmatifs* ou *négatifs,* comme *sì,* oui ; *nò,* non ; *forse,* peut-être, etc. Il faut remarquer cette différence entre *nò* et *non,* que le premier est toujours à la place d'une proposition, et le dernier ne fait qu'indiquer que la proposition est négative.

On emploie quelquefois l'adverbe en italien comme un substantif : *Avete fatto il più fate il meno ; non saprei dirvi nè il quando, nè il come.*

On appelle adverbe *composé* ou *locution adverbiale,* l'assemblage de plusieurs mots qui, étant joints ensemble, ont force et signification d'adverbe, comme *a luogo e tempo,* en temps et lieu ; *d'improvviso,* tout-à-coup ; *a vicenda,* tour-à-tour ; *a poco a poco,* peu à peu ; *di quando in quando,* de temps en temps ; *a suo bell' agio,* à son aise ; *a suo talento,* à sa fantaisie, etc. A mesure que l'étudiant trouve de ces expressions adverbiales, il n'a qu'à en faire l'analyse, et il trouvera que, pour exprimer plus rapidement la pensée, l'ellipse a supprimé ce qui serait le complément de la phrase : *A cielo scoperto*, en plein air : *A* (*tal posizione che il*) *cielo* (*si vede*) *scoperto*. Il est utile de remarquer que dans les expressions adverbiales on n'emploie pas l'article, surtout devant l'adjectif possessif, parce qu'on ne veut indiquer la chose que d'une manière indéterminée ; par exemple en traduisant : A sa place, on dira : *In vece sua*, et non *nella vece sua*; à son aise; *a suo comodo*, et non pas *al suo comodo*, etc.

~~~~~~

DE LA CONJONCTION.

LA conjonction est un mot invariable qui sert à lier une proposition à une autre : *Tutto fanno, e niente sanno*, ils font tout et ne savent rien. Le mot *e* joint la première proposition *tutto fanno* avec la seconde *niente sanno*. On appelle conjonction *composée*, ou *phrase conjonctive*, l'assemblage de plusieurs mots qui servent à joindre des propositions : *Il nostro cuore non può esser in pace fin a tanto che egli non riposi in Dio. Fin a tanto che* (jusqu'à ce que) ou (tant que), est ici la phrase conjonctive.

Peu importe au fond la classification des conjonctions en *copulatives, adversatives, explicatives*, etc.; car toute conjonction est l'expression la plus simple d'une ou de plusieurs propositions, et
~~~~~~

elle contient toujours en elle-même, implicitement.
ou explicitement, l'adjectif conjonctif *che*, qui,
que. etc.

On dit en français: Je doute que ce soit vrai; il me
semble que c'est vrai; je crois que c'est vrai. Mais en
italien, toutes les fois que le premier verbe exprime une incertitude, le verbe qui suit la conjonction, doit être exprimé par le mode conjonctif: *Dubito che sia vero; mi par che sia vero; credo che ciò sia vero; non so se abbiate parlato;
mi pareva che vi foste ingannato.* La même règle
a lieu quand le premier verbe importe *nécessité*
ou *commandement*, ou *prière : Bisogna che abbiate
molta pazienza ; voleva che gli scrivessi; mi pre-
gava che per amor suo lo facessi,* etc.

Lorsque l'action dépendante est exprimée par
le conditionnel, l'action principale qui est exprimée en français par l'imparfait de l'indicatif, doit
l'être toujours en italien per l'imparfait du subjonctif : *Se tu mi stuzzicassi, ti risponderei per le
rime,* si tu m'agaçais, je te répondrais comme
il faut; *se non avessi conosciuto gl' inganni delle
donne, forse Lauretta mi ci avrebbe colto,* si je
n'avais pas connu les ruses des femmes, peut-être
que Laure m'y aurait attrapé.

Quand il s'agit d'une action positive et réelle,
le verbe qui suit la conjonction doit être au présent de l'indicatif si l'action se rapporte au temps
présent, et à l'imparfait si elle se rapporte au temps
passé: *Vedo che l'ambizione, e l'avarizia corrom-
pono il più degli uomini: se l'orgolio è l'idolo vos-*

tro, accade non di raro cha siete voi medesimi le vittime, non che i sacerdoti. Se il castigo era più vergognoso per lui sì nobilmente educato, eran anche maggiori i mezzi, che la sua stessa educazione gli offeriva per conservarsi innocente.

Si le verbe qui suit la conjonction désigne une action future, et veut simplement exprimer que tel événement aura lieu, ce verbe doit être exprimé par le futur, quoique en français il le soit par l'indicatif présent : *Ci vedremo domani, se avrò tempo,* nous nous verrons demain si j'ai le temps : *se avrete la fortuna di vederlo, e d'udirlo, sarete allora convinto, che il suo merito è superiore ad ogni elogio mio.* Mais si on voulait que ce qui doit arriver fût déjà arrivé au moment de la parole, on doit dans ce cas employer le présent : *Se ancora m'ami, doppiamente mi sarà caro il vederti.* En disant : *Se ancora m'amerai,* on n'exprimerait pas le désir vif et empressé d'être aimé par lequel on voudrait que le moment de se voir fût déjà arrivé. Quelqu'un qui dit : *Verrò domani se non pioverà,* se montre à-peu-près indifférent qu'il fasse beau temps ou non; mais en disant : *Verrò domani se non piove,* il annonce en même temps le désir que la pluie ne lui empêche pas d'aller.

Les conjonctions les plus usitées sont les suivantes :

Acciocchè, affinchè, afin que; *ancorchè,* quoique; *anzi,* au contraire; *Avvegnachè,* quoique;

13

che, qui ou que; *chè*, car; *cioè*, c'est-à-dire, savoir; *come*, comme, comment, dès que; *contutto che*, quoique; *così*, ainsi; *dato chè*, supposé que; *Dove*, pourvu que; *dove chè*, quelque part que; *dunque*, *adunque*, donc; *e*, *ed*, et; *eccetto che*, excepté; *finchè*, *fin a tanto chè*, jusqu'à ce que; *intanto*, en attendant; *intanto che*, *mentre*, pendant que; *ma*, mais; *nè*, ni, et ne; *neppure*, pas même; *niente di meno*, *nondimanco*, *nondimeno*, *nulladimeno*, néanmoins; *o*, *od*, ou; *ovvero*, ou bien; *onde*, d'où, en conséquence; *ondechè*, de quelque part que; *perchè*, pourquoi, parce que, car; *però*, *perciò*, pour cela, cependant; *pertanto*, pourtant; *piuttosto* ou *più tosto*, plutôt; *poichè*, puisque; *postochè*, supposé que, *prima chè*, avant que; *pure*, pourtant, cependant; *purchè*, pourvu que; *quando*, quand, dès que; *quand'anche*, *quando bene*, *quando pure*, quand même; *quantunque*, *sebbene*, quoique; *se*, si; *sicchè*, ainsi; *siccome*, comme; *in somma*, en conclusion, enfin, en un mot; *tostochè*, aussitôt que; *tutto chè*, quoique; *tuttavia*, toutefois; *tutta volta che*, toutes les fois que, etc.

DE L'INTERJECTION.

L'INTERJECTION est un mot dont on se sert pour exprimer un sentiment de l'ame, comme *la joie*, *la douleur*, etc. Une interjection renferme toujours implicitement un sujet et un attribut, et représente à elle seule une proposition. Par exemple le cri : *Ahi!* aye! exprime : Je suis souffrant.

Les interjections les plus usitées sont les suivantes :

Pour prier : *Deh! ah!* ah! *Deh! vi prenda pietà di me. Ah! concedetemi questa grazia.*

Pour exprimer la douleur : *Ahi! ha! aimè! oimè!* ou *ahimè! ohimè!* hélas! *ahi lasso!* malheureux!

Pour exprimer l'admiration : *Oh! doh!* oh!

Pour exprimer l'aversion : *Oibò!* fi donc!

Pour exprimer la crainte ou la menace d'un malheur : *Guai!* malheur! *guai a noi! se confondesi l'ipocrisia, colla religione! guai a te, se cerchi la tua felicità nel delitto!*

Pour appeler : *O! ô! eh!* hé! *olà!* holà!

Pour faire taire : *Zitto!* chut! paix!

Pour applaudir : *Bravo!* bravo! *bene!* bien! *buono!* bon! Mais *bravo!* en italien est adjectif, pendant qu'en français il est adverbe.

Pour encourager : *Animo!* courage! *sù, orsù!*
' ça, allons! *via!* (*mettetevi in vìa*), *sbrigatevi!*
allez! dépêchez-vous!

·····················

DES ITALIANISMES,

ET REMARQUES SUR LA MANIÈRE DE TRADUIRE PLUSIEURS LOCUTIONS D'UNE LANGUE DANS L'AUTRE.

J'AI trouvé, plus d'une fois, des personnes qui croyaient me parler italien en disant : *Vengo di vedere la tragedia, che hanno giuocato allo spettacolo,* ou autre phrase semblable. C'est peut-être ainsi que savait l'italien, je ne sais quel auteur français qui dit que l'Italie n'a pas encore une langue; que chaque écrivain a un langage à lui : que le Tasse n'écrit pas comme Pétrarque, ni Davanzati comme Macchiavelli. Le pauvre homme! de pareilles assertions, ainsi que tant d'autres qu'on s'est permises sur la malheureuse Italie, ne méritent pas l'honneur d'une réponse. L'Italie a une langue, mais il faut l'étudier dans les bons auteurs, et non dans la traduction des *Lettres Péruviennes.* Il est vrai que ce n'est pas l'ouvrage de deux, ni ne trois mois. Chaque langue a des tournures particulières à son propre génie qu'il n'est pas toujours facile de traduire; mais en lisant les ouvrages des bons écrivains, on

parviendra à connaître peu-à-peu toute la force
et l'élégance des expressions.

Il faut remarquer que la langue italienne est
beaucoup plus libre dans ses inversions que la langue française, et qu'elle s'en sert plus souvent.
Quelques-uns regardent ces inversions, en partie,
comme un héritage de la langue latine ; mais leur
première cause est dans la nature même qui veut
que celui qui parle commence par exposer l'idée
qui le frappe le plus, et que les mots soient placés selon le degré de sentiment qu'il éprouve :
*Fiera materia di ragionare n'ha oggi il nostro re
data*, etc., c'est un triste sujet d'entretien que
nous a donné aujourd'hui notre roi. Les mots *fiera
materia* placés au commencement montrent combien ce triste sujet occupe fortement l'esprit de
celui qui parle.

Quant' io già son, ne in pensier pur vi cape.

Un homme dévoré par l'ambition nécessairement
s'occupe avant tout de l'idée de son pouvoir, et ce
quant' io già son, placé au commencement du vers,
exprime avec toute l'énergie possible la pensée d'Ap-
pius, dans la bouche duquel il est placé par Alfieri.
Toutes les langues ne se prêtent pas également au
gré de l'écrivain, et la sensibilité n'est pas égale
chez tous les hommes ; de là vient la différence de
style qu'on remarque en comparant non - seulement les écrivains d'une nation à ceux d'une autre, mais ceux d'une même nation entre eux.
Pour bien comprendre la construction italienne,

13*

Il faut d'abord rétablir les constructions directes, et chercher à bien conna*tre le sujet, le verbe et le régime de la proposition.

> *E il buon Goffredo il saggio avviso approva.*

Dans ce vers du Tasse il ne tombera dans l'esprit de personne de prendre l'avis pour sujet, et Godefroi pour régime. Mais dans cet autre :

> *Quando Clorinda il Capitan percote,*

on pourrait d'abord douter que c'est le capitaine qui blesse Clorinde ; cependant les deux vers suivans :

> *E il colpo è a lui d'alta vittoria inciampo :*
> *Ben dall' augiol sanato ei torna in guerra,* etc.

dissipent toute amphibologie, et font connaître que c'est Clorinde qui blesse le capitaine, à qui sa blessure empêche de remporter une victoire complète, et qui, guéri par l'ange, revient au combat.

L'harmonie, l'élégance, la clarté, etc., sont aussi des causes secondaires des inversions qui sont encore plus grandes dans le style poétique à cause de la mesure et de la rime ; mais un peu de réflexion et d'habitude à appliquer les règles que nous avons données, conduit bientôt l'étudiant à bien comprendre toute construction inverse.

Une autre difficulté provient souvent de l'ellipse qui retranche un mot, et quelquefois une proposition entière. On trouvera par exemple la proposition : *Il ciel vi guardi dall' avarizia,* et cette autre : *Da tanto pericolo se il ciel vi guardi.* Sans le mot *se*, on comprendrait aussi aisément la seconde que la première ; mais que signifie ce *se ! Se il cielo* (*esaudisce le mie preghiere, lo supplico che*) *vi guardi.* Ayant fourni plusieurs exemples d'ellipse au chapitre des prépositions, on croit inutile d'en donner davantage.

Toute phrase qui, par une règle particulière à la syntaxe italienne, diffère de la syntaxe française, présente un italianisme dans sa construction, comme dans les phrases suivantes : *Lungo il Rodano*, le long du Rhône ; *in mezzo alla piazza*, au milieu de la place ; *in capo al viale*, au bout de l'allée ; *pauroso più di un coniglio*, plus timide qu'un lapin ; *due anni fà*, il y a deux ans ; *ho poc' anzi veduto*, je viens de voir. En général, dans toutes les phrases françaises où le verbe *venir* est suivi de la préposition *de* et d'un infinitif, il faut prendre une autre tournure en italien ; Il venait de lui parler, *gli aveva poco prima parlato ;* nous venons de le voir, *l'abbiamo testè veduto*, ou *or' ora l'abbiam veduto*, etc. Un Français dit aussi par exemple : *Quelque bon que* soit un livre, il y a toujours quelque mensonge ; et l'Italien dira : *Per quanto sia buono un libro, contiene sempre qualche bugìa;* il a trop d'adresse pour se laisser tromper, *ha tanta destrezza da non lasciarsi ingannare;* cela n'est que trop vrai, *purtroppo è vero;* il alla à sa rencontre et se jeta à son cou, *gli andò incontro, e gli si gettò al collo;* prends ce livre qui est à moi, *prendi questo mio libro ;* je le veux bien, *volentieri ;* cela peut se faire, *è possibile,* ou *può darsi,* etc.

Quelquefois l'italianisme peut être produit par un mot, lorsque ce mot commun à l'italien et au français, est pris en italien dans une acception qu'il n'a pas en français, comme *vorrei un cappello compagno del vostro,* je voudrais un chapeau semblable au vôtre; *saper di sale, di vino,* etc., sentir le sel, le vin; *e del mio dir fa senno,* et fais ton profit de ce que je dis; *la cosa è di poco momento,* l'affaire est de peu d'importance. Dans les quatre exemples ci-dessus, *compagno* signifie *semblable,* *sapere* signifie *sentir,* *senno* signifie *profit,* et *momento* signifie *importance.* Si l'on mettait à leur place les quatre mots français *compagnon, savoir, bon sens,* et *moment,* personne ne comprendrait plus les expressions françaises.

Lorsque la signification naturelle d'une expression italienne est prise dans un sens figuré qu'elle n'a pas en français, c'est un italianisme dans l'emploi d'une figure. Par exemple, en parlant d'une dame âgée, un Italien dira : *Il merlo ha passato il Po,* voulant dire qu'elle est sur son retour. *E' montato in bica,* il s'est mis en colère. Ce n'est qu'après une longue habitude qu'on arrive à saisir toute la force, et pour ainsi dire la nuance de plusieurs expressions d'une langue étrangère, et qu'on peut les rendre avec la plus grande précision possible dans la sienne.

On ne craint donc pas d'être trop long en présentant ici plusieurs expressions dans les deux langues pour faciliter aux étudians les progrès dans la marche qu'ils doivent suivre.

Che prò !	A quoi bon?
Buon prò vi faccia.	Grand bien vous fasse!
Fa dei castelli in aria.	Il fait des châteaux en Espagne.
E' certo d'averlo in pugno.	Il est sûr de l'avoir dans la manche.
Dategli posta, dategli convegno per domani.	Donnez-lui rendez-vous pour demain.
Non grattate il corpo alle cicale.	N'éveillez pas le chat qui dort.
La cosa gli entrò.	Il goûta la proposition.
Ella prende lucciole per lanterne.	Elle prend des vessies pour des lanternes.
Raguagliata ogni cosa.	A tout prendre.
Questo poco mi cale.	Ceci m'intéresse peu.
Oh ! che oca ! tira pur innanzi che affè babbuino nascesti, e più babbuino morirai.	Quelle bécasse! Tu n'as qu'à continuer, et par ma foi tu seras toujours plus sot.
Fa egli perciò mestieri d'andar a babboriveggoli!	Faut-il en mourir pour cela? Libre à cha-

vada a patrasso chi vuole, io non mela sento.

cun d'aller rejoindre ses ancêtres; mais pour moi je n'en ai pas l'envie.

Capperi! la signora è una sputa sentenze.

Morbleu! Madame jouerait bien son rôle dans les Femmes savantes.

E' più doppio d'una cipolla.

Il est plus faux qu'un jeton.

Se con quell' aria di fregamidolce si pensa fregarla anche a me s'inganna. Badi ch' io non gli renda pan per focaccia.

Si avec son air patelin il croit me jouer aussi un mauvais tour, il se trompe ; gare que je ne lui rende la pareille !

Che fate là colle mani in mano!

Que faites-vous là les bras croisés ?

Non solo mi sta sodo, ma par che stia meco in cagnesco.

Non-seulement il me boude, mais il paraît qu'il me regarde de mauvais œil.

Non se ne poteano dàr pace.

Ils ne pouvaient pas en revenir.

Codesto cappellino vi quadra ottimamente.

Ce joli petit chapeau vous sied fort bien.

Non che dipingere, non sa a fatica stemprar i colori.

Non-seulement il ne sait pas peindre, mais à peine sait-il broyer des couleurs.

E vuoi credere a quella tecomeco! Venga il ma- lanno a quanti commetti- male van per lo mondo.

Et tu veux en croire cette tracassière ? Que le diable emporte tous les tracassiers du mon- de.

Ha veduto que' signori, e sa a qual misura ognun d'essi è tagliato.

Il a vu ces messieurs, et sait ce qu'en vaut l'aune.

Per quanti sforzi possa far la calunnia, il som- mo ingegno di lui dava l'orme al secolo.

Quelques efforts que fasse aujourd'hui la ca- lomnie, son génie don- nait le ton au siècle.

Orsù non mi fate venire la mosca al naso, che po- trebbe tornarvene danno.

Allons, ne me faites pas monter la moutar- de au nez, car vous pourriez vous en trou- ver mal.

Sta in sul grande, e la sua tavola è sempre imbandita alla reale.

Il tranche du grand seigneur, et sa table est toujours servie comme la table d'un roi.

Cerca d'allogarsi per servitore in qualche buona casa.

Il cherche à entrer en condition chez quel- que bon maître.

Vuol sempre tener il campo, ma non si capisce mai dove voglia uscire colle sue ciarle.

Il veut toujours pri- mer, mais on ne sait jamais quel est le but de son bavardage.

Come i cavoli a me- renda.

Comme la moutarde après dîner.

Il ciel mi scampi da quella mononesta; fa le smorfie coi giovani zerbini, ma l'ho poi veduta far l'occhiolino a certo vecchio che ha buona borsa.	Que le ciel me préserve de cette prude! Elle fait la grimace aux petits-maîtres; mais je l'ai vue ensuite faire les yeux doux à certain vieillard qui a beaucoup d'argent.
Non so con chi vel' abbiate.	Je ne sais à qui vous en voulez.
Gliel' avete ben ficcata.	Vous l'avez bien attrapé.
Zitto, sento gente.	Taisez-vous, j'entends quelqu'un.
Alla più trista parlategli con viso fermo; ci vuol animo quando si tratta di difender l'onore.	Au pis aller, parlez-lui sans perdre contenance; il faut de la fermeté quand il s'agit de défendre son honneur.
Non si lascia facilmente scalzare.	Il n'est pas facile de lui tirer les vers du nez.
Lo mise alle strette, e come dicono lo strinse fra l'uscio e il muro.	Il le serra de près, et, comme on dit, il le mit au pied du mur.
Ha dovuto rifar il libro di pianta.	Il a dû refondre son ouvrage.
Vi riceve alla domes-	Il vous reçoit sans fa-

tica, senza complimenti, e vi lascia sempre a bocca dolce.

çon, et vous laisse toujours avec la bonne bouche.

Andate a rilento a credere, e non l'abbiate per male, che un amico vi dica il vero.

Soyez lent à croire, et ne soyez pas fâché qu'un ami vous dise la vérité.

Potete far di meno di loro, ma essi far non possono senza voi.

Vous pouvez vous passer d'eux, mais ils ne peuvent pas se passer de vous.

Non vi lasciate infinocchiare dalle sue ciance.

Ne vous laissez pas séduire par ses histoires.

Se continuassi più a lungo pizziccherei forse di fastidioso, e basti il fin quì detto per governo degli studenti, che dalla lettura dei classici impareranno il di più.

Si je continuais davantage, je paraîtrais peut-être ennuyeux. Que ce qu'on a dit jusqu'ici suffise pour diriger les étudians qui apprendront le reste par la lecture des classiques.

˄˄

DE LA POÉSIE ITALIENNE.

Deux raisons nous ont déterminés à donner ici quelques règles sur le mécanisme, pour ainsi dire, des vers italiens. La première est qu'à force de scander des vers et d'en faire ensuite, les étudians s'habituent à bien connaître la prosodie en mettant l'accent tonique sur la syllabe du mot où il doit être placé ; la seconde est que, par ce seul moyen, ils peuvent arriver à bien lire nos poëtes, et sentir toute l'harmonie du langage de nos muses.

Deux élémens sont nécessaires à la composition de nos vers : le nombre des syllabes, et les accens toniques distribués de telle ou telle manière, ainsi qu'on le dira ci-après.

De l'accent tonique.

Chaque mot de plusieurs syllabes en a une sur laquelle on appuie plus fortement en le prononçant : voilà ce qu'on appelle l'accent tonique. Par exemple, dans tous les mots de deux syllabes l'accent tonique est toujours sur la première, à moins qu'il ne soit positivement marqué sur la dernière, comme dans les mots *bontà*, *virtù*, etc. Ce n'est que le déplacement de cet accent qui donne sou-

rent au mot toute autre signification : *àncora* signifie *ancre* en mettant l'accent sur la première
syllabe; et en le plaçant sur la seconde, *ancòra*,
ce mot signifie *encore* : *Pàrlo*, je parle; *parlò*, il
parla; *tènere*, tendres; *tenère*, tenir ; *pèrdono*, ils
perdent; *perdòno*, pardon ou je pardonne; *perdonò*,
il pardonna. Pour ceux qui connaissent la musique,
on pourrait dire que la syllabe où est l'accent tonique a la valeur d'une croche, pendant que les
autres ne l'ont que d'une double croche.

De la rime.

Pour que deux mots riment ensemble en italien, il faut que la voyelle sur laquelle est l'accent
tonique, et toutes les autres lettres, s'il y en a
après celle-ci, soient exactement les mêmes jusqu'à la fin du mot. Ainsi *tènere* et *tenère* ne rimeront pas ensemble; mais *cènere* et *vènere* rimeront
avec *tènere*, et *fière* ou *piacère* rimera avec *tenère*,
comme *oibò* rimera avec *perdonò*, et *sòno* avec
perdòno.

Des espèces différentes de vers.

On appelle *parola tronca* celle qui a l'accent tonique sur la dernière, voyelle comme *verità*; *parola piana*, celle qui l'a sur la pénultième, comme
amòre ; *parola sdrucciola*, celle qui l'a sur l'antepénultième, comme *immàgine* ; *et doppia sdrucciola*; enfin, celle qui a l'accent sur la syllabe qui
précède l'antepénultième comme *pàlpitano*.

De là les trois espèces de vers qu'on appelle *tronchi* s'ils sont terminés par un mot *tronco*, *piani* ou *sdruccioli*, suivant que le dernier mot du vers est *piano* ou *sdrucciolo*.

Quelle que soit la mesure du vers *piano*, le *sdrucciolo* de la même mesure doit avoir une syllabe de plus, et le *tronco*, au contraire, une syllabe de moins.

> *Già presso al termine*
> *De' suoi martiri*
> *Vola quest' anima*
> *Sciolta in sospiri*
> *Sul volto amabile*
> *Del caro ben.*
> *Fra lor s'annodano*
> *Sul labbro i detti*
> *E il cor, che palpita*
> *Fra mille affetti,*
> *Par che non tolleri*
> *Di starmi in sen.*

Dans ces douze vers, les 2.ᵉ, 4.ᵉ, 8.ᵉ, 10.ᵉ qui sont *piani*, ont cinq syllabes; les .1ᵉʳ, 3.ᵉ, 5.ᵉ, 7.ᵉ, 9.ᵉ, 11.ᵉ, qui sont *sdruccioli* ont six syllabes; et les 6.ᵉ et 12.ᵉ qui sont *tronchi* n'en ont que quatre.

De la manière de scander les vers.

La nature accorde rarement ce degré de sensibilité qui est nécessaire pour saisir toutes les nuances de l'harmonie; mais, quelquefois aussi, le germe de cette sensibilité existe, et on n'a besoin que d'un peu d'exercice pour le développer. Parmi les différentes méthodes adoptées pour scander les vers, c'est-à-dire pour les séparer en plusieurs parties, nous croyons que la plus facile est celle de les partager en pieds de deux syllabes chacun.

Mais il faut avant tout remarquer :

1.º Qu'il y a élision lorsque le premier mot finit par une voyelle, et que c'est par une voyelle que commence le mot suivant, comme :

Canto | l'armi | pieto | se, e 'l ca | pita | no
Che il gran | sepol | cro li | berò | di Cri | sto.

2.º Que toutes les diphthongues en *ai, ea, ei, eo, ia, ei, ii, io, oi,* comme dans les mots *mai, credea, Dei, Orféo, mia, vìe, udìi, Dio, suoi,* et autres semblables, ne sont comptées que pour une syllabe au commencement et au milieu du vers; mais ces diphthongues ayant l'accent tonique sur la première des deux voyelles, l'autre voyelle est comptée pour une syllabe à la fin du vers.

Sei vez | zora, a | mabil | sei
Sembri | bella a | gli occhi | miei
Ma per | me non | son ca | tene
Solo i | vezzi e | la bel | tà

On voit dans le premier vers deux *sei,* dont le premier ne forme qu'une syllabe, et le second en forme deux ainsi que le *miei* du second vers.

Disposition des accens toniques dans les vers.

Les vers appelés *quadrisìllabi,* parce qu'ils sont

14*

composés de quatre syllabes, ont deux accens, dont un sur la première, et l'autre sur la troisième.

Troppo incauto	*Chè la serpe*
Quella rosa	*Sta nascosa*
Coglier brami,	*Tra quei rami*
Ch' offre amor;	*Tra quei fior.*

Quelquefois dans ces petits vers l'accent tonique se trouve sur la seconde syllabe; mais il faut éviter cela autant que possible.

Les vers *pentasìllabi*, ou de cinq syllabes, ont deux accens, un sur la quatrième, et l'autre sur la première ou sur la seconde.

Amico il fato	*Ti renda amore*
Mi guida in porto,	*Per mio conforto*
E tu spietato	*Tutto il dolore,*
Mi fai perir.	*Che fai soffrir.*

Les vers de six syllabes doivent en avoir deux avec l'accent, la deuxième et la cinquième.

Cogli astri innocenti,	*E copri con questa*
Col fato ti scusi;	*Sognata catena*
Ma senti che abusi	*Un dono, che pena*
Di tua libertà:	*Per l'empio si fa.*

Les vers *settenàrii*, ou de sept syllabes, peuvent avoir sept combinaisons différentes dans la distribution des accens, dont les deux premières sont les plus harmonieuses.

1, 4, 6.	*Tarda ai roman spettacoli*
	L'altera Giulia venne,
2, 4, 6.	*E i primi onor del Lazio*
	Sull' altre belle ottenne.

1, 3, 6.	*Voi satolli d'onori*
	Ogni onore perdeste:
1, 6,	*Perfidi traditori,*
2, 6.	*Offendermi credeste,*
	E la patria dolente
3, 6.	*Maledice fremente*
4, 6.	*I traditori vili,* etc.

Les vers *ottonarii*, ou de huit syllabes, peuvent avoir deux, trois ou quatre accens toniques combinés, comme ci-après :

	Là mia vita uniti andiamo,
	Là cantando il dì s' inganni ;
	Per timor di nuovi affanni
	Non lasciamo di gioir
3, 7.	*Chè raddoppia i suoi tormenti*
1, 3, 7.	*Chi con occhio mal sicuro*
3, 5, 7.	*Fra la nebbia del futuro*
1, 3, 5, 7.	*Va gli eventi a presagir.*
	Se a ciascun l'interno affanno
	Si vedesse in fronte scritto ;

	Quanti mai, che invidia fanno,
3, 7,	*Ci farebbero pietà !*
1, 3, 7.	*Si vedrìa, che i lor nemici*
3, 5, 7.	*Hanno in seno, e si riduce*
1, 3, 5, 7.	*Nel parere a noi felici*
	Ogni lor felicità.

Les vers *novenarii*, ou de neuf syllabes, sont rarement usités, peut-être parce qu'on les trouve un peu trop monotones. Ils ne peuvent avoir qu'une seule combinaison de trois accens, dont le premier sur la seconde syllabe, le second sur la cinquième, et le dernier sur la huitième.

> *Invan chi per corti s'aggira*
> *Vi cerca la santa amistade ;*
> *L'invoca, s'affanna sospira ;*
> *Ma fida all' um'l probitade*
> *In corte amistade non è.*

Les vers *decasillabi*, ou de dix syllabes, sont de deux espèces bien différentes pour l'harmonie. La première n'a que les deux combinaisons suivantes pour les accens toniques, et la mesure en est rapide et forte.

	Della vita nel dubbio cammino
3, 6, 9.	*Si smarrisce l'umano pensier.*
1, 3, 6, 9.	*L'innocenza è quell' astro divino,*
	Che rischiara fra l'ombre il sentier.

Il re posa, ma i sogni del forte
Con tremende sembianze gli vanno
Presentando i fantasmi di morte.
  Ecco il vinto nemico tiranno
Di sua man già traffitto in battaglia,
Ombra orribil, che ormai non fa danno.
  Ecco un lampo, che tutti abbarbaglia,
Quel suo brando, che ad uom non perdona,
E ogni prode al codardo ragguaglia.

3, 6, 9.
1, 3, 6, 9.

La seconde espèce est composée de deux vers de cinq syllabes chacun, et l'harmonie en est lente et douce. Les accens toniques peuvent être combinés de quatre manières différentes.

1, 4, 6, 9.
2, 4, 6, 9.
1, 4, 7, 9.
2, 4, 7, 9.

Chi vive amante, sai che delira,
Spesso si lagna, sempre sospira,
Nè d'altro parla che di morir.
Io non m'affanno, non mi querelo,
Giammai tiranno non chiamo il cielo,
Dunque il mio core d'amor non pena,
O pur l'amore non è un martir.

Dans cette espèce de vers, on peut placer aussi ceux dont le premier vers de cinq syllabes est *sdrucciolo*, quoique dans ce cas le vers entier soit d'onze syllabes.

O bella Venere, tu sola sei
Piacer degli uomini, e degli Dei.

Souvent ces vers sont entremêlés, comme dans

le couplet suivant de Metastasio, et les *sdruccioli*
ne font qu'en augmenter la grâce et l'harmonie.

Per lei fra l'armi dorme il guerriero,
Per lei fra l'onde canta il nocchiero
Per lei la morte terror non ha.
Fin le più timide belve fugaci
Valor dimostrano, si fanno audaci
Quand' è il combattere necessità.

Les vers *endecassìllabi*, ou de onze syllabes,
sont les plus majestueux de notre langue. Ce sont
les seuls réservés au poëme épique, à la tragédie,
à tout ce qui est noble et sublime.

Leur harmonie peut être susceptible de plusieurs
variations, dont les plus habiles de nos poëtes ont
su profiter pour bien peindre tous les mouve-
mens des passions. Quant aux combinaisons des
accens toniques, ces vers peuvent avoir trois,
quatre et cinq accens distribués comme ci-après.

A trois accens.

1, 6, 10.   *Canto l'armi pietose, e il capitano.*
4, 6, 10.   *Governerà dei popoli il destino.*
2, 6, 10.   *Oh rive squallidissime, e deserte*
4, 8, 10.   *Ch' esterminò nell' alternato imperò*
3, 6, 10.   *Il furore di barbaro straniero.*

A quatre accens.

1, 6, 8, 10.   *Stupida, ed orgogliosa ancor che vinta,*

2, 6, 7, 10.   *Bugiarda, senza onor, senza virtude*
2, 6, 8, 10.   *L'avara Babilonia ha colmo il sacco:*
3, 6, 8, 10.   *Libertade sospira in ceppi avvinta,*
1, 4, 8, 10.   *Ceppi battuti ad Ottomanna incude,*
2, 4, 8, 10.   *E a desco siede con Ciprigna, e Bacco*
3, 6, 7, 10.   *Vaneggiando che un dì sorgere possa*
1, 6, 7, 10.   *Qualche vendicator dalle morte ossa.*

A cinq accens,

1, 4, 6, 8, 10.   *Vidi, e conobbi io pur le inique corti.*
2, 4, 6, 7, 10.   *Ahi! tanta in cor devoto ira s'annida!*
2, 4, 6, 8, 10.   *Folle è colui, ch' al tuo favor si fida.*
1, 3, 6, 8, 10.   *L'uom comincia a morir allor che nasce.*
1, 4, 6, 7, 10.   *Fole di cui bambini altri ci pasce.*
1, 4, 7, 8, 10.   *Chi di Sejan trasgredir osa il cenno!*
2, 4, 7, 8, 10.   *Io sol comando, obbedir tutti denno.*

Des licences poétiques.

Une des difficultés que trouvent les étrangers pour comprendre nos poëtes, provient des licences poétiques qui sont encore plus nombreuses dans les anciens que dans les modernes. D'abord on a employé quelques mots tirés du latin comme *ave* ou *salve*, je vous salue; *lice* ou *lece*, il est permis; *pave*, il craint; *imo* pour *basso*, etc. Ensuite on a changé la désinence de quelques mots comme *testudo* pour *testuggine*; *ù*, ou *'ve* ponr *dove*; et surtout dans les verbes on a dit *have* pour *ha*; *face* pour *fa*; *fora* pour *sarebbe*; *scriveria*, *udirìa* pour *scriverebbe, udirebbe*, etc., ainsi qu'on l'a observé dans le chapitre des verbes. Une de ces licences suffit quelquefois pour dérouter un étudiant. On verra, par exemple, ces trois mots : *gìa, parti, face* ; on prend le premier pour *già*, sans réfléchir que dans le verbe *gìa* pour *giva*, l'accent est sur l'*ì*, et que dans l'adverbe il est sur l'*à* ; on prend le second pour un substantif ou pour le verbe *partire*, au lieu du verbe *parere* réuni au pronom *ti*, comme dans cette phrase du Tasse : *A ciò' che parti nostro e suo bene;* on prend le troisième pour le substantif *face*, flambeau, et alors nécessairement les phrases sont incompréhensibles. Lorsque l'étudiant trouve quelques-uns de ces mots, il faut qu'il en fasse l'analyse, et qu'il les considère bien sous tous les sens qu'ils peuvent avoir.

Il y a trois espèces de licences :

La première est celle de déplacer l'accent tonique dans quelques mots, comme *umìle* au lieu d'*ùmile* ; *tenèbre* au lieu de *tènebre* ; *simìle* pour *simile*, etc.

La seconde est celle d'augmenter ou de diminuer les mots ; on les augmente en ajoutant une syllabe tantôt au commencement, comme *intra* au lieu de *tra; attraversare* au lieu de *traversare*, etc., tantôt en l'ajoutant au milieu, comme *umilemente* au lieu de *umilmente* ; et tantôt à la fin, comme *libertade, virtude* au lieu de *libertà, virtù*, etc. On augmente aussi le mot au milieu en donnant aux diphthongues deux syllabes, comme dans *me-*

ridiano paziente Poeta, etc. On les diminue de même quelquefois ou en retranchant quelques lettres, comme dans les mots *rio* pour *rivo*; *rai* pour *raggi*; *pria*, *fé*, *furno*, *disnore*, *spirto*, etc., pour *prima*, *féce*, *furono*, *disonore*, *spirito*; ou bien en ne comptant l'*io* qui fait deux syllabes au milieu de quelques mots que pour une; par exemple, ne comptant *viola* que pour deux syllabes au lieu de trois, et *nazione* pour trois au lieu de quatre.

La troisième espèce de licences permises en faveur de la rime, consiste ou à déplacer une lettre, ou à substituer une lettre à une autre. On dira, par exemple, *vegna* au lieu de *venga*; *drento* pour *dentro*, etc.; ou bien *nui* pour *noi*; *tui* pour *tuoi*; *credia* pour *credea*; *condutto* pour *condotto*; *feruto* pour *ferito*, etc.

Comme nous sommes bien éloignés de la prétention de donner ici un traité sur la poésie italienne, nous croyons en avoir assez dit pour que les étudians aient une direction dans la lecture de nos poëtes, et nous avons eu la satisfaction d'en voir plusieurs qui goûtent à présent toutes les beautés de notre poésie, et qui même après avoir lu dans leurs langues originales Homère et Virgile, admirent jusqu'à quel point Monti et Léoni en ont conservé la force et l'élégance dans leurs excellentes traductions italiennes.

FIN.

ERRATA.

Page   36, ligne 8, *ouo*, lisez *ono*.
——   55. ——   4, *cunduca ;* lisez *conduca ;*
——   24, ——   24, *degliate*, lisez *dogliate ,*
——   101, ——   7, *è vita ,* lisez *è la vita ,*
——   103, ——   12, *Là* lisez *La*
——   129, ——   ·, *disposisions , lisez* dispositions ,
——   130, ——   22, *nen* lisez *non*
——   136, ——   16, second *lisez* second.
——   137, ——   13, force *lisez* force
——   145, ——   1, *cha* lisez *chè*
——   148, ——   21, ni ne *lisez* ni de
——   150, ——   13, *augiol* lisez *augiol*